In meinem Alter möchte man vor seinen Kindern und seinen Enkeln geradestehen können und wenigstens sagen dürfen: Ich habe mich bemüht.

Willi Ritschard

WILLI RITSCHARD

Arbeiter – Gewerkschafter –
Sozialdemokrat – Bundesrat

Herausgegeben von
Peter Hablützel, Walo Landolf,
Bruno Muralt, Oswald Sigg und
Ferdinand Troxler

Redaktion Christian Fehr
Karikaturen von Hans Sigg

Unter dem Patronat
des Schweizerischen Gewerkschaftsbundes
und der Sozialdemokratischen Partei der Schweiz

Edition Gutenberg

Ganz persönlich

Heidi Abel im Gespräch mit Willi Ritschard

Heidi Abel: Während ich Ihnen, Bundesrat Willi Ritschard, so gegenübersitze, versuche ich, mir den kleinen Willi Ritschard vorzustellen.

Willi Ritschard: Ich bin der Jüngste von fünf Buben. Und als Jüngster genoss ich natürlich allerhand Vorrechte, obschon meine Mutter nie verhehlte, dass sie an meiner Stelle lieber ein Mädchen gehabt hätte. Das war ihre Sehnsucht. Aber selbstverständlich hat sie auch den fünften Buben akzeptiert.

Heidi Abel: Ging dieser Bub gern zur Schule?

Willi Ritschard: Ja, ich war ein Bub, der gerne zur Schule ging. Vielleicht hängt das damit zusammen, dass wir an den schulfreien Tagen zu Hause helfen mussten, Holzsammeln im Wald etwa, aber auch im Garten. Damals hatte ich das Gartnen nicht so gern wie heute.

Heidi Abel: Welche Fächer mochten Sie in der Schule besonders?

Willi Ritschard: Am liebsten habe ich Aufsätze geschrieben. Und auch Schweizergeschichte, so wie sie damals vermittelt wurde, hat mich sehr interessiert.

Heidi Abel: Sie hatten schon als Kind das Bedürfnis, sich in unserer Geschichte auszukennen?

Willi Ritschard: Ich spürte, dass man sich darin auskennen muss. Auch später, im Jahre 1947, nach meiner Wahl zum Gemeindeammann von Luterbach, hatte ich das Gefühl, ohne Kenntnis der Dorfgeschichte würde ich zu wenig Boden unter den Füssen haben. Ich wollte über die Wurzeln dieses Dorfes Bescheid wissen. Sonst hätte ich mich unsicher gefühlt. Das erste, das ich in der Freizeit damals machte, war, mich in die Dorfgeschichte zu vertiefen. Ich fand auch einen ehemaligen Pfarrer, der bereit war, die Geschichte Luterbachs zu schreiben. Seine Arbeit habe ich mit Heisshunger gelesen.

Heidi Abel: Man erzählt sich – und ich weiss gar nicht, ob es stimmt –, dass Sie in Luterbach manchen einfachen Leuten die Steuererklärung ausfüllen.

Willi Ritschard: Als ich noch Solothurner Regierungsrat und Finanzdirektor war, habe ich von einem

5

Dutzend oder etwas mehr einfachen Leuten die Steuererklärung, die im Kanton Solothurn ja jährlich verlangt wird, ausgefüllt. Seit ich Bundesrat bin, sind es weniger. Aber es gibt immer noch ein paar.

Heidi Abel: Sie haben gesagt, dass Sie als Bub gerne Aufsätze geschrieben haben. Das spürt man noch heute. Als Politiker drücken Sie sich gern blumig und bodenständig aus. Kultivieren Sie diese Bildersprache besonders oder schütteln Sie alles einfach aus dem Handgelenk?

Willi Ritschard: Nein, es sprudelt nicht einfach aus mir heraus. Gelernt habe ich es bei den Bau- und Holzarbeitern, von denen ich überhaupt sagen muss: Niemand, mit dem ich es im Leben zu tun hatte, hat mich so

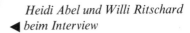

Heidi Abel und Willi Ritschard beim Interview

en arbeiteten, und wenn sie abends müde in unser Versammlungslokal kamen, passierte es, dass die meisten schon nach kurzer Zeit sanft einschliefen. Vor allem im Winter, wenn es drinnen warm war. Wenn ich also unsere gewerkschaftlichen Probleme erläutern wollte, musste ich mich bemühen, sie einigermassen wach zu halten. Dann habe ich halt hie und da einen Spruch gemacht, über den man lachen konnte. Da haben die gelacht, die wach waren, und damit die anderen geweckt, die eingenickt waren. Daher kommt meine Art, zu den Leuten zu reden.

Heidi Abel: Sie sind in einem Dorf gross geworden, wo es fast nur Freisinnige und Katholisch-Konservative gab. Aber Ihr Vater war schon Sozialdemokrat...

Willi Ritschard: ... und er hat aktiv am Generalstreik mitgemacht. Mein Vater war ein ziemlich armer Schuhmacher – etwas Alltägliches damals. Er war Präsident der Sozialdemokratischen Partei im Dorf, sass im Gemeinderat und wurde später sogar solothurnischer Kantonsrat. Die politischen Auseinandersetzungen sind damals natürlich noch viel intensiver geführt worden.

Heidi Abel: Und Ihre Familie war protestantisch...

Willi Ritschard: Das hat dazu geführt, dass wir es wirklich nicht immer einfach gehabt haben. Unsere

beeinflusst und geprägt wie sie. Es ist nicht übertrieben, wenn ich sage, dass ich mein ganzes politisches Leben hindurch immer diese Leute vor dem geistigen Auge gehabt habe.

Heidi Abel: Ihre Gewerkschaftskollegen...

Willi Ritschard: ... ja, das waren Männer, die den ganzen Tag im Frei-

Willi, 1919

katholischen Schulkameraden haben im besten Glauben die Vorstellung gehabt, wenn man einen protestantischen Mitschüler in die katholische Kirche bringe, so habe man ein gutes Werk getan. Wir gerieten so in eine Minderheitsposition. Und das hat einen fürs spätere Leben schon ein bisschen geprägt. Ich meine das Bewusstsein, zu einer Minderheit zu gehören.

Heidi Abel: Sie mussten lernen zu kämpfen?

Willi Ritschard: Zu kämpfen und mich durchzusetzen...

Heidi Abel: ... und Selbstbewusstsein zu kriegen.

Willi Ritschard: Ja, sicher. Denn als junger Mann hatte ich nicht gerade sehr viel Selbstbewusstsein, weil ich immer viel grösser war als meine Kameraden. Das hat mir immer Minderwertigkeitskomplexe verursacht.

Heidi Abel: Und doch merkten Sie schon ganz früh, dass eine Führernatur in Ihnen steckt?

Willi Ritschard: Ich sah mich nie als Führer, schon eher als Arbeiterlehrer. Nachdem ich mit 16 im gleichen Jahr Vater und Mutter verloren hatte, waren wir natürlich schon auf uns selber gestellt. 1936, als meine Lehrzeit als Heizungsmonteur fertig war, begann die Krise in der Bauwirtschaft. Ich bekam Schwierigkeiten, eine Arbeit zu finden. Für mich war es fast wie eine Erlösung, dass ich 1938 in die Rekrutenschule konnte und anschliessend in die Unteroffiziersschule. Und nachher kam der Aktivdienst, da stand ich, vor allem in den Urlaubstagen, schon vor der Frage: wohin soll eigentlich dein Weg führen? Ich hatte natürlich auch Ehrgeiz, und aus diesem Ehrgeiz heraus, meine Verantwortung zu erfüllen, entwickelte sich wohl auch ein gewisser Führungswille.

Heidi Abel: Ihre Kinder sind ja längst gross, Ihr Sohn ist selber Sozialdemokrat, auch Politiker, und Ihre Tochter – was macht sie?

Ernst und Frieda Ritschard-Ryf mit ihren fünf Söhnen (ganz rechts: Willi)

Willi Ritschard: Sie lebt in Basel, verheiratet mit einem Architekten. Sie hat Dekorateurin gelernt. Ihr Mann ist nebenberuflich mit einem Freund zusammen Leiter der berühmten Galerie «Zum Specht». Meine Tochter, die kunstgewerblich sehr begabt ist, hilft die Galerie mitzugestalten.

Heidi Abel: Und Sie haben Grosskinder?

Willi Ritschard: Ich habe drei Enkel, alles Buben; mein Sohn hat zwei Buben, 9- und 4jährig, meine Tochter einen, 5jährig. Sie heissen Daniel, Sämi und Florian, also noch Namen, die man einigermassen aussprechen kann.

Heidi Abel: Sie sind gern Grossvater?

Willi Ritschard: Enkelkinder erlebt man, ich weiss nicht, ob's nur einem Politiker so geht, viel bewusster als die eigenen Kinder. Vielleicht auch, weil ich heute bewusster lebe. Und eben nicht mehr so mit der Karriere beschäftigt bin.

Heidi Abel: Wie hatten's denn Ihre eigenen Kinder?

Willi Ritschard: Ich muss sagen, dass ich in jener Zeit, als unsere Kinder klein waren, sehr stark mit dem Beruf belastet war, viele Abendversammlungen und auch Wochenendveranstaltungen haben mich da ab-

sorbiert. Ganz abgesehen davon ist es im Gegensatz zu früher jetzt auch so, dass man einen freien Samstag hat und einen freien Sonntag; früher, da fanden am Sonntag noch viele politische Versammlungen statt.
Mit meinen Kindern habe ich übrigens gelernt, jede Rede, die Schriftdeutsch geschrieben war, in Mundart zu halten ...

Heidi Abel: ... wie das?

Willi Ritschard: Ich habe ihnen – sie sind 3 Jahre auseinander – jeden Abend bevor ich an die Sitzungen in der Gemeinde oder der Gewerkschaft ging, und das war praktisch

1937

Willi Ritschard

Geboren am 28. September 1918
Bürger von Oberhofen BE und Luterbach SO
Ehrenbürger von Deitingen SO (Geburtsgemeinde)
Erlernter Beruf: Heizungsmonteur
Zivilstand: verheiratet, zwei Kinder
Militärischer Grad: Wachtmeister
1943–1963: Vollamtlicher Sekretär der Sektion Solothurn des Schweizerischen Bau- und Holzarbeiterverbandes (heute: Gewerkschaft Bau und Holz)
1943–1959: Mitglied des Gemeinderates von Luterbach, von 1947 an Gemeindepräsident (Ammann)
1945–1964: Mitglied des Kantonsrates, 1963 Kantonsratspräsident
1955–1963: Präsident des Solothurnischen Gewerkschaftskartells (Nebenamt)
1955–1963: Mitglied des Nationalrates
1964–1973: Mitglied des Regierungsrates des Kantons Solothurn, 1967 und 1971 Landammann
5. Dezember 1973: Wahl zum Bundesrat
1974–1979: Vorsteher des Eidgenössischen Verkehrs- und Energiewirtschaftsdepartementes
1978: Bundespräsident
Seit 1980: Vorsteher des Eidgenössischen Finanzdepartementes

jeden Abend, vorher im Bett noch eines oder zwei Märli aus Grimms Märchen oder so erzählt. Und diese Märchen musste ich natürlich im Dialekt erzählen. Da habe ich gelernt, jedes Manuskript laufend in Mundart zu übersetzen, ohne dass man es irgendwie gemerkt hätte.

Heidi Abel: Ihr Sohn lebt und politisiert heute in Solothurn. Ich kann mir vorstellen, dass er es schwer hat als Sohn eines Bundesrates.

Willi Ritschard: Ganz wesentlich schwerer als ich, wirklich. Zudem wird der Sohn ständig mit dem Vater verglichen. Ihm wird auch die Kritik hinterbracht, die man mir selber nicht ins Gesicht sagt. Aber ich muss schon sagen, mein Sohn hat absolut selbständig seinen Weg gefunden und nicht einfach versucht, in meine Fussstapfen zu treten.

Heidi Abel: Er ist Ihnen auch ähnlich...

Willi Ritschard:... das sagen viele Leute, und ich empfinde es selber auch so, dass wir zwei uns sehr ähnlich sind. So haben sich meine Frau und meine Tochter, die beide so etwas wie «Morgenmuffel» sind, immer über uns Frühaufsteher ärgern müssen und darüber, dass wir schon in aller Herrgottsfrühe, wenn sie noch im Bett waren, sangen und pfiffen. Obwohl ich's nicht kann, singe ich nämlich gern, auch beim Wan-

Greti und Willi (2. und 3. von links) mit Naturfreunden

dern oder bei der Arbeit zu Hause in der Werkstatt. So drücke ich meine Gefühle aus, wenn ich alleine bin. Aber auch am Sonntag in der Küche beim Abwaschen haben wir oft gesungen – ich die zweite Stimme und meine Frau die erste.

Heidi Abel: Ist Frau Ritschard eine politische Frau?

Willi Ritschard: Sie ist auch aus einem Arbeiterhaushalt, in dem politisiert worden ist, vor allem auch gewerkschaftlich. In bezug auf Gesinnung und politische Richtung habe ich mit Greti eigentlich nie besondere Differenzen oder Schwierigkeiten gehabt. Wir haben uns bei den Naturfreunden kennengelernt – auch beim Wandern ist eine grosse Harmonie zwischen uns. Probleme emanzipatorischer Art haben meine Frau und ich wirklich nie gehabt. Haus und Haushalt waren immer stark der Bereich meiner Frau. Und auch den Zahltag habe ich ihr immer stolz abgegeben, und sie hat ihn verwaltet, ohne dass ich je dreingeredet hätte.

Heidi Abel: Also Ihre Frau ist zu Hause der Finanzminister?

Willi Ritschard: Ja, sie ist der Finanzminister im Haushalt. Sie ist aber auch immer, wenn es ging, an

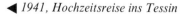
1941, Hochzeitsreise ins Tessin

Die junge Familie

politische Veranstaltungen mitgekommen, das ist auch heute noch so.

Heidi Abel: Ich erinnere mich gerade, dass Sie irgendwann einmal gesagt haben: Meine Frau ergänzt mich, sie ist ein Stück von mir. Nehmen Sie es mir nicht übel, Herr Bundesrat, aber jemand, der hellhörig geworden ist in dieser Richtung, der wundert sich einfach, dass der Mann die Frau auch heute noch vor allem als seine Ergänzung erlebt.

Willi Ritschard: Jetzt, wo Sie das so sagen, merke ich natürlich, dass die-

1952, Rede als Ammann von Luterbach

se Formulierung falsch ist. Ich wollte damit einfach sagen, dass ich meine Frau in all diesen Jahren als ideale Partnerin empfunden habe, weil wir uns gegenseitig in mancher Hinsicht ergänzen... gegenseitig ergänzen, so ist es treffender und richtiger gesagt. Sie hat auch immer dafür gesorgt, dass wir auswärts Ferien gemacht haben. 15 Jahre lang mit dem Zelt. Meine Frau achtete darauf, dass ich daheim nicht einfach Akten studierte und mich von diesem Zeug auffressen liess. In dem Sinn habe ich Ergänzung gemeint, sie hat auch nie das Gefühl gehabt, sie müsse mich irgendwohin stossen, sie hat gar keinen besonderen Ehrgeiz entwickelt.

Heidi Abel: Nehmen wir an, Ihre Frau hätte eine führende Position und Sie wären jetzt vielleicht immer noch Heizungsmonteur. Ist das für Sie überhaupt vorstellbar?

Willi Ritschard: Als 65jähriger ist es ausserordentlich schwierig, sich zurückzuversetzen in die Zeit, als die Frauen überhaupt noch kein Stimmrecht hatten, und sich jetzt vorzustellen, wie es gewesen wäre, wenn sie es gehabt hätten.

Heidi Abel: Aber Sie sind immer für das Frauenstimmrecht eingestanden?

Willi Ritschard: Sicher, ich bin von meiner politischen Herkunft her ein überzeugter Verfechter des Frauenstimmrechts gewesen. Und ich habe meine Frau völlig selbständig ihre Wahl- und Abstimmungszettel ausfüllen lassen. Ich konnte da also nie einen Einfluss ausüben auf meine Frau, wobei ich ziemlich genau weiss, dass wir auch da harmonieren.

Ein Politiker hat im übrigen meistens auch ein bisschen Ehrgeiz, und es ist wahrscheinlich nicht jedem gegeben, wenigstens nach aussen die zweite Geige zu spielen und mehr im Hintergrund zu wirken.

Heidi Abel: Mir gefällt, dass Sie so offen sein können. Das finde ich ganz erstaunlich. Denn ich erlebe es immer wieder: Wenn man Männer auf solche Fragen anspricht, kommt Verlegenheit auf. Viele brüsten sich mit einer progressiven Haltung, und nur wenige Männer geben zu, dass sie halt schon begreiflicherweise Schwierigkeiten haben damit – und Sie machen das.

Willi Ritschard: Ich kann es mir einfach nicht richtig vorstellen.

Heidi Abel: Sie sind überhaupt ziemlich direkt. Mir ist das auch in Ihren Reden aufgefallen. Sie sind fähig, einzugestehen, dass Sie etwas nicht wissen, oder auch eine Unsicherheit zuzugeben. Mich nimmt wunder: Wo lernt man, so offen zu sein?

Willi Ritschard: Ich bin in sehr bescheidenen Verhältnissen aufgewachsen und habe mich ganz einfach bemüht, der zu bleiben, der ich bin. Und ich habe im Laufe meiner politischen Arbeit sehr oft Leute angetroffen, die so taten, als wüssten sie auf jede Frage eine Antwort. Häufig hörte ich von ihnen Antworten, denen man anmerkte, dass sie nicht stimmen konnten. Irgendwann, ich kann nicht genau sagen wann, hat mich das dermassen abgestossen, dass ich mir fest vorgenommen habe, auch zu sagen, dass man etwas nicht weiss. Für einen Politiker ist es jedenfalls am einfachsten, er bleibt sich selber und bleibt ehrlich. Wer lügt, muss ein sehr gutes Gedächtnis haben.

Wachtmeister im Aktivdienst

Heidi Abel: Betrachten Sie Ihr Leben, so wie es bis anhin verlaufen ist, als gelungen?

Willi Ritschard: Ich habe keinen Grund, mein Leben mit Reue zu überschauen. Ich hatte Aufgaben, die mir Freude machten. Natürlich gab es Momente, wo ich mich fragte, ob es vielleicht nicht schöner gewesen wäre, sich mehr der Familie widmen zu können. Es gibt eben auch Schattenseiten...

Heidi Abel: ... *von denen Sie einmal in einer Rede sagten: «Es gibt Grautöne, und ich kann nicht aufgeräumt im Lande herumreisen und immer nur lächeln wie eine Königin auf dem Gemeindeball.»* Also bei allen Frustrationen, die Sie als Finanzminister erleben, scheint Ihnen doch die Heiterkeit nicht abhanden gekommen zu sein?

Willi Ritschard: Nein, und ich hoffe, ich werde immer die Kraft haben, vorwärts zu schauen und ein wenig mithelfen zu können, die Probleme zu meistern, die sich unserer Generation stellen. In meinem Alter möchte man vor seinen Kindern und vor seinen Enkeln geradestehen können und wenigstens sagen dürfen: Ich habe mich bemüht.

Heidi Abel: Sind Sie ein Optimist?

Willi Ritschard: Das war ich eigentlich schon immer.

Heidi Abel: Kann man das heute noch sein?

Willi Ritschard: Was nützt es, den Glauben an das Gute vollständig zu verlieren? Ich weiss, was Sie ansprechen, aber – immerhin – das Umweltbewusstsein hat sich doch gewaltig entwickelt und berechtigt zur Hoffnung, dass wir die ökologischen Probleme auch in einer Demokratie und ohne allzu starken äusseren Druck werden lösen können.

Von links nach rechts: Willi, Greti, Sohn Rolf, Tochter Greti Ritschard;
◄ *Ausflug mit Gewerkschaftsfreunden*

1961, Bildungskurs auf dem Balmberg

Heidi Abel: Wenn Willi Ritschard später einmal nicht mehr Bundesrat sein wird: Was wird er tun – ganz praktisch?

Willi Ritschard: Mir Zeit nehmen für meine Familie, für meinen Pflanzblätz; ich möchte im Garten – wie wir Solothurner sagen – ein wenig «gäggelen». Sie wären wahrscheinlich erstaunt, zu sehen, was ich da alles so mache. Ja, und dann möchte ich wieder die alten Freunde pflegen, die ich aus den Augen verloren habe und die ich meistens dann aufgesucht hatte, wenn ich sie brauchte, damit sie mich aufmunterten. Ich möchte jetzt meinerseits einmal helfen, sie aufzustellen. Und ich werde in aller Ruhe meine Wunden lecken.

1951, 1.-Mai-Umzug in Solothurn

MENU

Rindfleischvögel

12 dünne Rindsplätzli, pfeffern und salzen
12 Tranchen Speck

füllen mit gehackten Zwiebeln, viel Petersilie und ein wenig
Brotrinde, rollen, mit Haushaltsfaden binden
im heissen Fett fest anbraten, ablöschen

1 ½ Std. mit klein geschnittenem Gemüse in der Sauce auf
kleinem Feuer schmoren lassen.

Frischer Fruchtsalat

3 Orangen
2 Äpfel
1 Birne
2 Bananen
½ frische Ananas
2 frische Pfirsiche oder eine kleine Büchse
Zucker
mit Maraschino oder Kirsch abschmecken.

Lieblingsgericht à la Greti

Wunde Finger für den 5. Solothurner Bundesrat

Der Komponist Rudolf Wyss deutet seinen Marsch

Am Tage der Wahl unseres Solothurner Regierungsrates Willi Ritschard zum 5. Solothurner Bundesrat habe ich mich nach Absprache mit Staatsschreiber Dr. Egger entschlossen, zu Ehren des neuen Bundesrates einen gleichnamigen Marsch zu schreiben. Nachdem ich die Wahl, die doch überraschend ausgefallen war, am Radio mitverfolgt hatte, machte ich mich sogleich voller Euphorie an die Arbeit.

Im Nachhinein konnte ich feststellen, dass die notwendigen Motive aufgrund einer wohl einmaligen Spontaneität rasch «geboren» waren. Die Hauptarbeit bestand dann darin, die über 30 Doubletten zu schreiben, um sie rechtzeitig der AMS-Brass-Band Solothurn übergeben zu können. Denn der Marsch musste drei Tage nach der Wahl geprobt werden können, damit er an der offiziellen Bundesratsfeier im Landhaus Solothurn uraufgeführt werden konnte. In diesem Zusammenhang erinnere ich mich noch gut, dass ich meine strapazierten Finger (nach fast pausenloser Arbeit während drei Tagen und Nächten) mit Heftpflastern funktionsfähig machen musste.

Mein Stolz war deshalb begreiflich, als ich Herrn Bundesrat Ritschard, für den ich grosse Hochachtung empfinde, anlässlich der Uraufführung die Partitur seines Marsches überreichen durfte.

Zum musikalischen Inhalt: Nachdem mir bekannt war, dass der Geehrte Solothurn nicht gerne verliess, habe ich im 1. Marschteil Motive der bekannten Melodie «Muess i denn zum Städtele hinaus» und dem Solothurner-Lied verwendet und verarbeitet, aufgelockert mit einer Gegenmelodie im Tenor und Trompetenfanfaren.

Der 2. Teil (Bass-Solo) vertont das Markante, das Kraftvolle, das Bundesrat Ritschard in sich hat. Im Trio schliesslich versuchte ich den dynamischen und konsequenten Politiker zu deuten, um im Abschluss des Marsches mit dem Motiv aus dem Solothurner-Lied noch einmal der ganzen Eidgenossenschaft in Erinnerung zu rufen, dass der neue Bundesrat Ritschard ein Solothurner ist.

Trompeter Willi

Für den 15jährigen Schulbuben Willi Ritschard aus dem solothurnischen Deitingen stellte der Mittwochabend jeweils einen Höhepunkt dar. Da hatte er Jungbläserkurs. Nach knapp einem Jahr Ausbildung galt es ernst: Willi wurde als Aktivmitglied in die Musikgesellschaft von Deitingen aufgenommen. Das war 1933, also vor genau 50 Jahren. Die zweite Trompete wurde ihm zugewiesen. Acht Jahre später zügelte Willi Ritschard ins zweieinhalb Kilometer entfernte Luterbach. Kein Grund zum Aufhören: Willi, mittlerweile zum ersten Kornettisten aufgerückt, strampelte mit dem Velo zur Probe. Willi zu seinem ersten Auftritt als Trompeter: «Ich musste im Trio vom Marsch ‚Alte Kameraden' irgend etwas von mir geben, das mich nie mehr ganz losgelassen hat. Darum hatte ich immer eine ganz besondere Beziehung zu diesem Marsch.»

Aus dem Manuskript der Festrede anlässlich des 22. Schweizerischen Arbeitersängerfests in Olten am 5. Juni 1983. ▶

es ist wichtig – und es wird zur Existenzfrage, dass wir die Bedeutung, die Funktion und den Sinn der Arbeiterkultur wieder klarer erkennen. Dass wir unsere Chöre und auch die anderen knetzgeren Gemeinschaften unserer Bewegung wieder richtig einschätzen.

Diese Erkenntnis ist mir hier bei Euch ~~heute~~ wieder ganz stark eingeprägt worden.

Ich habe hier nicht allein Freude erlebt.

Ich habe auch Kraft, und vor allem auch Hoffnung für meine politische Arbeit geschöpft.

Ihr seid eine Hoffnung! Und Ihr habt auch eine Aufgabe!

Ich danke Euch für Euren Einsatz, für Euer Vorbild für Eure Ausdauer.

~~Und~~ ich hoffe für uns alle, dass ~~wir von diesem Fest~~ ~~nicht nur~~ ~~Schönes~~ Freude nach Hause nehmen ~~sondern~~ auch Hoffnungen und

Willi Ritschard

Wir Menschen sind widersprüchliche Wesen. Wir sind aus dem Selbsterhaltungstrieb heraus Egozentriker, Egoisten. Aber wir sind gleichzeitig auch soziale Wesen. Keiner kann für sich allein leben. Jeder hat den Mitmenschen und die Gemeinschaft nötig. Und zwischen seinem Ich und der Gemeinschaft wird er ständig hin und her gerissen.

Die folgenden Texte sind thematisch zusammengestellte Ausschnitte aus Bundesratsreden Willi Ritschards

Wenn man nicht tüchtig ist, verliert man die Freude

Politiker ist der einzige Beruf ohne geregelte Lehrzeit. Die Resultate zeigen es.

Ich bin gelernter Heizungsmonteur, und ich bin bereit, das jedem Ungläubigen mit meinem Lehrabschlusszeugnis zu belegen. Ob ich allerdings auch heute noch eine Heizung perfekt montieren könnte, scheint mir eher fraglich.

Die Prüfung habe ich bestanden und nicht einmal schlecht. Aber als ich 1933 als Lehrling in die Firma Rauber in Solothurn eintrat, wurde langsam auch die Baubranche von der Wirtschaftskrise betroffen. Es gab wenig Neubauten, an denen ich praktisch ausgebildet werden konnte. So haben wir oft wochen- oder gar monatelang in der Werkstatt aufgeräumt, Gewinde für Stutzen geschnitten, alte Fittings abgestaubt, sie von einem Fach ins andere gelegt und gezählt. Das war nicht immer sehr anregend und meiner beruflichen Karriere auch nicht gerade förderlich. Mein späterer Meister konnte an meinem Können kaum viel Freude haben. Ich habe es seinem Sohn am 50. Jubiläum seiner Firma gesagt: Wenn ich noch lange bei ihm gearbeitet hätte, wäre sein Betrieb wahrscheinlich nicht so alt geworden.

Wenn man nicht tüchtig ist, verliert man natürlich auch die Freude, deshalb wechselte ich den Beruf. Aber mein späterer Schwiegervater war auch wieder Heizungsmonteur in den von Roll'schen Eisenwerken. Und als ich ihm – wie es damals etwa noch üblich war – etwas schüchtern mitteilte, dass ich gerne seine Tochter heiraten würde, musste ich ihm unter vielen anderen Fragen zuerst beantworten können, wie ein Samson-Regler aussieht und wie man ihn einstellt. Ich wusste es, und so habe ich die Tochter dann schliesslich auch bekommen.

Und vom ehrbaren Heizungsmonteur bin ich zum Wanderprediger in Sachen Bundesfinanzen geworden.

Wir müssen uns um den Leumund des Bundes kümmern

Ein Staat, der seine sozialen Aufgaben abbauen muss, weil ihm das Geld fehlt, baut sich selber ab. Er läutet damit wieder das mittelalterliche Faustrecht oder den Feuerwehrstaat ein, der nicht einmal mehr seine Schläuche trocknen kann, weil sie dauernd nass sind.

In Geldsachen haben wir Schweizer alle eine ausgezeichnete Antenne, aber trotzdem sieht jeder nur sein eigenes Programm. Man spricht zwar schon ständig von «Masshalten». Aber wie geht das, wenn jeder ein anderes Mass hat?

Ich fürchte seit langem, dass plötzlich auch für die Finanzen eine Gesamtkonzeption verlangt wird. In Gesamtkonzeptionen haben wir ja Übung! Allerdings ist es dann meistens so: Man erschrickt über diese Gesamtkonzeptionen derart, dass man bei der Verwirklichung einfach wieder ganz von vorne anfängt mit den kleinen Schritten. Unsere Form von Demokratie lässt grosse Würfe nicht zu.

Der Bund hat eine Neigung, sich zu verstecken, wenn er einmal Gutes tut. Bei der AHV nennt er sich «Ausgleichskasse», dem Landwirt begegnen die «Käseunion», der «Milchverband» und die «Ackerbaustelle». Für geleisteten Militärdienst dankt der Kanton. Dieser baut auch die nationalen Werke, wie Nationalstrassen und Flughäfen. Und wenn dann endlich eine Verrechnungssteuer-Gutschrift fällig wird, dann schickt sie die kantonale Steuerverwaltung. Aber wo Nehmen anfängt, da steht gross «Bundessteuer». Da tritt der Bund auf die Bühne. Da fragt sich natürlich der einfache Mann, wofür denn dieser Bund das Geld braucht. Für das Klagen aus Bern hat er wenig Verständnis. Für ihn ist das längst ein uraltes Lied mit einer einzigen Strophe und einer langweiligen Melodie.

Wir haben uns mit Wissen und Willen und zum Teil durch Volksabstimmungen durch den Bund einen ganz schönen Tisch decken lassen. Wir können uns nun nicht wie Zechpreller davonschleichen und den Bund in der «Sauce» hocken lassen. Das könnte nämlich früher oder später dazu führen, dass sich auch der Bund davonschleichen muss.

Ich höre immer wieder Tröstliches, und es gibt kluge Leute, die meine Bedenken vor einer weiteren Verschuldung belächeln. Es gibt über die Staatsverschuldung sehr unterschiedliche wissenschaftliche Theo-

rien. Aber für den Politiker, und besonders für einen Politiker in unserem Land, stellen sich die Probleme eben etwas anders dar als für den Wissenschafter!
Wir haben eine Referendumsdemokratie. Da gibt es auch gewichtige politische Gründe gegen die Defizit- und die Schuldenwirtschaft des Staates. Der Bürger muss nicht nur wählen. Er muss auch über viele Sachfragen entscheiden. Und dieser Bürger ist in unserem Land im allgemeinen noch zum Sparen erzogen worden. Wenn bei uns der Staat nicht auch nach den Grundsätzen handelt, die der Bürger bei sich zuhause und auch im Betrieb praktiziert, dann verliert eben der Bürger das Vertrauen in den Staat. Wir müssen uns deshalb um den Leumund des Bundes kümmern.
Wir leben in einer marktwirtschaftlichen Ordnung. Defizit bedeutet für die meisten Schweizer «Versagen» oder «Misswirtschaft». Am Ende von Defiziten sieht bei uns jeder das Konkursamt. Der Staat macht aber nie Konkurs; das überlässt er immer seinen Bürgern.
Man kann das Volk nicht im Glauben lassen, man könne weiterhin die Bundeskasse melken, sie dann mit Schuldscheinen vollstopfen und

schliesslich mit dem Nein-Stimmzettel überdecken, damit man nicht zusehen muss, wie diese Bundeskasse langsam, aber sicher an Schwindsucht verserbelt.
Unser Bürger ist nicht schizophren. Wenn es ums Geld geht, hat jeder die gleiche Religion. Geld ist auch beim Staat Geld. Und Schulden sind auch beim Staat Schulden. Und die Zinsen wachsen auch beim Staat nicht an seltenen Bäumen.
Ein armer Staat – das habe ich immer wieder betont – kann kein sozialer Staat mehr sein. Wir müssen zwar sparen, aber nicht alle, die vom Sparen reden, meinen auch wirklich den sparsamen Umgang mit Steuergeldern. Sie möchten den Staat aushungern. Sie möchten die Sozialgesetze zurückbuchstabieren. Doch dagegen werden wir uns wehren, denn jeder Sozialabbau ist auch ein Abbau an Freiheit.
Wir wollen diesen Staat wieder glaubhaft machen. Das ist das Ziel unserer Finanzpolitik. Und dieses Ziel können wir mit Sparen allein nicht erreichen. Wir müssen diesem Staat auch die nötigen Einnahmen ermöglichen, damit er seine soziale Aufgabe erfüllen kann.

Am Bankschalter wird eher geflüstert

Zwar habe ich auch mit Geld zu tun, so dass eine Seelenverwandtschaft zwischen den Bankiers und mir an sich bestehen müsste. Doch als Mann mit ausgewiesener Neigung zu eher tiefen Hypothekarzinsen und zu gewissen neuen Steuern bin ich wahrscheinlich für Bankier-Anlässe nicht gerade ein Traumreferent.

Banken sind keine Freunde des Konflikts. Für sie ist Ruhe des Bürgers erste Pflicht. Bankgebäude werden heute nicht nur einbruchsicher, sondern auch schalldicht konstruiert. Der «Lärm der Strasse» wird hier nicht gehört. Am Bankschalter wird eher geflüstert.

Der Bankier muss sich damit abfinden, dass auch er in einer Umwelt lebt und dass so eben das, was er tut und nicht tut, zur politischen Frage wird. Man kann sich da nicht immer hinter wirtschaftlichen Zwangsläufigkeiten verstecken. Was andere betrifft, ist immer auch politisch, ob man das will oder nicht. Und das Ideal in einer Demokratie ist nicht der unpolitische Bürger, sondern der, der sich um die Dinge kümmert, die ihn angehen. In der Demokratie fragt man nicht nur, wie man etwas macht, sondern auch warum.

Schwer

Willi Ritschard ist ein gerader Typ. Sein einziger Nachteil ist, dass er dieses Finanzdepartement hat. Da hat er einen schweren Stand.

Moritz Casty, 46, Sattler/Tapezierer

Die Banken und ich hatten unterschiedliche Meinungen wegen der letzten Hypothekarzinserhöhung, und wir haben sie – etwas provoziert durch einzelne Bankgewaltige – sogar detailliert veröffentlicht. Ich will über diese Sache nicht rechten. Ich meine nämlich wirklich nicht, dass alle anderen ihre Flagge streichen müssen, wenn ich die meine zeige. Die Wahrheit – das ist eine alte Erkenntnis – ist immer obdachlos. Sie nützt immer nur dem, der sie hört. Dem, der sie sagt, schadet sie meistens. Ich habe schon oft gesagt, dass nicht die gefährlich sind, die nach der

Am Bankschalter wird eher geflüstert

Bruder Willi spricht zu den wilden Tieren.

Wahrheit suchen. Gefährlich sind die, die behaupten, sie hätten sie gefunden.
Ich achte die Kritik. Die öffentliche Hand hat sie so nötig wie die Banken. Aber man muss die lautesten Kritiker gelegentlich auch etwas ansehen. Wer unablässig andere kritisiert, dem bleibt keine Zeit zur Selbstkritik. Man kann sich auch auf einem Barhocker über die Menschheit erhaben vorkommen.
Einem Schuldner, wie der Bund einer ist, würde ein seriöser Bankier nicht einmal mehr einen Stuhl anbieten.
Das Loch in der Bundeskasse ist aber nicht das Ergebnis einer liederlich verbrachten Nacht. Es ist vielmehr die Folge davon, dass man dem Bund – vor allem seit den sechziger Jahren – laufend neue Aufgaben aufgebürdet hat, ohne gleichzeitig auch die Finanzierung sicherzustellen. Leider hat man zu spät daran gedacht, dass auch Staatsausgaben nicht erst im Himmel zahlbar sind.
Von allen Seiten drohen gesenkte Hörner. Die Bankiers läuten Sturm und schliessen ihre Schalter, wenn sie von der Besteuerung der Treuhandzinsen hören. Schon bevor sie beschlossen ist, finanzieren sie mit teurem Geld die Kampagnen gegen diese Abgabe. Grosszügig wie sie sind, bieten sie aber eine Alternative an. Man solle den Konsum stärker belasten, fordern sie. So einfach ist das. Der Gewerbeverband wird die Bankiervereinigung zum Ehrenmitglied machen.
Die Schweiz kann auf die verschiedenen Sondersteuern nicht verzichten, die der Bundesrat vorgeschlagen hat. Wir brauchen auch den Dorn im Auge des Bankiers: Die Verrechnungssteuer auf den Treuhandzinsen.
Wir fahren deswegen nicht mit dem Mähdrescher in die Zürcher Bahnhofstrasse. Wir kommen nur mit einem kleinen Rasenmäher, dessen Schnitthöhe so eingestellt ist, dass er nur die Spitzen ein wenig coupiert. Der Rasen der Treuhandgelder wird die Schönheitskur sicher überleben. Wir glauben nicht, dass er deswegen verdorrt, und wir befinden uns in diesem Glauben in guter Gesellschaft. Die solide, sonst wohlabgeschirmte schweizerische Bankenlandschaft mit einer derart hervorragenden Bedienung ist eine Kurtaxe wert.

34

Die Armee soll das Land verteidigen, nicht sich selber

Ich erschrecke oft, wie schnell einzelne Politiker und Militärs auf die Argumente der Friedensbewegung reagieren – wie sie diese Argumente fast routinemässig abtun können, wie beleidigt sie auf den Vertrauensschwund reagieren.

Man kann schon sagen, die Landesverteidigung nimmt eine Sonderstellung ein. Aber man muss sofort beifügen, dass die Landesverteidigung nur schwer zu begründen ist, wenn sie nicht einen Staat zu verteidigen hat, der schützenswert ist. Man darf nicht einfach sagen: Landesverteidigung ist wichtiger als die Landwirtschaft, Bildung ist wichtiger als Sozialversicherung, Forschung ist wichtiger als Verkehr oder als das Bundesgericht. Die Aufgaben eines Staates, insbesondere eines ausgebauten Sozialstaates, sind nicht ein Hintereinander. Sie sind vielmehr ein Nebeneinander oder noch besser ein Miteinander.

Natürlich wird die Armee letztlich immer um das Territorium kämpfen. Das ist ihre praktische Aufgabe. Dieses Territorium verteidigungswürdig zu machen, das ist Aufgabe der Politik. Das ist eine zivile Aufgabe, die man der militärischen nicht unterordnen kann.

Es gibt auch technische und psychologische Grenzen beim Kauf von Waffensystemen. Wir müssen immer wieder nach der Miliztauglichkeit fragen. Sein Gewehr konnte der Soldat noch gerne haben. Selbst über die alte Feldkanone sind liebevolle Witze gemacht worden. Zu Computern und zu Geräten, von denen man nicht einmal weiss, wie sie funktionieren, hat man keine persönliche Beziehung mehr. Ich weiss nicht, ob solche eher gefühlsmässige Überlegungen auch etwas mit Wehrbereitschaft oder mit der Motivierung zu tun haben. Ich bin kein Militärexperte. Ich war nur Artillerie-Wachtmeister. Immerhin ein berittener. Man braucht im Militär auch nicht nur Experten. Es braucht hier auch Experten für den Umgang mit Experten.

Ich habe einmal zu Ruedi Gnägi gesagt: Die Armee soll das Land verteidigen und nicht immer sich selber. Die Sozialdemokratische Partei der Schweiz steht seit den Erfahrungen der dreissiger und vierziger Jahre klar zur Landesverteidigung. Für uns ist der Friede nicht gesichert, solange es Diktaturen gibt, die Gewalt ihrem eigenen Volk gegenüber anwenden und die auch nicht davor zurückschrecken, äussere Probleme mit Gewalt lösen zu wollen. Der Friede in Westeuropa ist ein zu kleiner Friede, als dass er uns die Angst vor dem Krieg nehmen könnte. Die Frage nach Krieg oder Frieden ist eine weltweite Frage. Und sie ist unteilbar. Friede kann nie einfach als Abwesenheit gewaltsamer Konflikte verstanden werden. Solange Staaten den Frieden nur über eine stetige Erhöhung der Rüstungsausgaben glauben erhalten zu können, ist es ein gefährdeter und ein gefährlicher Friede. Neue Waffen verschlingen nicht nur einen grossen Teil des Volkseinkommens. Die Aufrüstung hindert uns auch, die soziale Lage vor allem der armen Völker dieser Erde wirksam verbessern zu helfen.

Die Friedensbewegung ist mitunter als Misstrauenskundgebung gegen die offizielle Politik zu verstehen. Wir wären schlechte Demokraten, wenn wir das nicht zur Kenntnis nehmen wollten. Unsere Beteuerungen, dass wir mit all unseren Kräften und unserem besten Wissen das tun, was wir tun können, ist noch kein Argument gegen das schwindende Vertrauen in die Politik.

Und es ist undemokratisch, uns und den Friedensdemonstranten zu sagen, dass sie eine Minderheit sind. Sie sind zum mindesten eine grosse Minderheit. Und sie sind eine sichtbare politische Bewegung. Jeder von uns weiss, dass Friedensbewegungen nicht eine modische Zeiterscheinung sind. Es gibt viele Gründe dafür, dass sie jetzt entstanden sind. Und diese Gründe – wir wissen es alle – sind beängstigend.

Ich glaube, mit Reden und mit Gegenargumenten werden wir das Vertrauen der Jugend – das Vertrauen der kritischen Bürger – nicht zurückgewinnen können. Was wir wieder lernen müssen, ist zuzuhören. Demonstranten für den Frieden haben uns etwas zu sagen. Wir wissen alle, wie hilflos wir sind. Und die Friedenskämpfer wissen es auch.

Hintergangen

Willi Ritschard macht auf mich den Eindruck eines sehr loyalen, gutmütigen, friedfertigen Menschen, was nicht verhindert, dass er manchmal hintergangen wird. Ich wünschte mir manchmal, dass er daraus die Konsequenzen ziehen würde. Zu seiner Friedfertigkeit und zu seiner Loyalität gehört eben auch, dass er an dieses System glaubt; dass er glaubt, dass man als Sozialdemokrat innerhalb unseres Systems etwas machen kann. Und ich glaube, das hat Folgen gehabt, die Willi Ritschard wohl auch nicht lieb gewesen sind.

Gusti Pollak, 32, Liedermacher

Heimat ist da, wo man keine Angst haben muss

Man spricht heute immer wieder von Lebensqualität. Ich glaube, Lebensqualität heisst Heimat.

Heimat ist der Ort, wo man sich geborgen fühlt, wo man im Einklang mit sich selber steht und auch im Einklang mit den anderen. Heimat hat mit menschlichen Beziehungen zu tun. Mit einer toleranten, liebesfähigen Gemeinschaft. Heimat ist überhaupt nicht etwas, das man einfach hat. Das ist ein Prozess. Heimat muss man machen.

Ich halte es für eine erstrangige, für eine menschlich und politisch wichtige Aufgabe, den Menschen eine Heimat schaffen zu helfen. Unsere technische Zivilisation hat uns zu ruhelosen Egoisten gemacht. Nicht nur der Familienkreis ist wegen des Fernsehens zum Halbkreis geworden. Wir haben auch nicht mehr genügend Zeit für andere. Uns fehlt das

Heimat ist der Ort, wo man sich geborgen fühlt

Talent und oft auch die Lust, Kontakte zu knüpfen, Gespräche zu führen, etwas gemeinsam zu unternehmen und für den Nachbarn mitverantwortlich zu sein.
Die Vereinsamung vieler Menschen ist nicht nur ein Problem der Grossstädte. Auch im Dorf ist mancher nur noch sich selbst der Nächste. Der Sinn für die Gemeinschaft geht auch hier zusehends verloren. Sowohl in der Stadt wie auch auf dem Land ist es deshalb eine wichtige und zeitgemässe Aufgabe, den Menschen wieder eine Heimat zu geben. Wir müssen Gemeinschaften zu bilden versuchen, die solidarisch sind, die den Menschen Lebensängste nehmen können und die drohende Vereinsamung zu verhindern vermögen.
Wir haben noch Bräuche, Traditionen, Überlieferungen. Wir müssen sie bewahren und schützen. Wir dürfen sie nicht verwässern. Wir dürfen sie aber auch nicht versteinern. Bräuche müssen zum Land und zu den Leuten passen. Es darf nicht umgekehrt sein. Solange Land und Leute in Ordnung sind, sind wir auch in unseren Bräuchen wohl.
Der Mensch muss irgendwo Wurzeln schlagen, damit er keine Windfahne werden kann. Der Mensch braucht die menschliche Wärme und die Gewissheit, irgendwo geborgen zu sein. Geborgenheit ist das Gefühl, das man empfindet, wenn man an einem kalten Wintertag daheim in die warme Stube kommt, die Frau einem die «Finken» anzieht und man es sich wohlig und gemütlich machen kann. «Heimat» ist wie «Vaterland» ein Begriff, mit dem man immer wieder Missbrauch treiben kann. Und wenn man «Vaterland» sagt, denkt man gerne sofort an das Gewehr und an den Krieg. Bei uns denkt vielleicht mancher auch an «Rütli», wenn er «Heimat» hört. Aber dieses «Rütli» ist natürlich auch schon lange abgegrast.
Ganz sicher ist die kleine, überschaubare Gemeinschaft unsere natürliche und deshalb auch optimale

Geachtet

Für Willi Ritschard gilt die Tatsache, einziger Nicht-Akademiker des Bundesrates zu sein, eher als Plus- denn als Minuspunkt. Seine Aufrichtigkeit und Gradlinigkeit, selbst wenn sie in den eigenen Reihen nicht immer mit Beifall quittiert werden, haben ihm auch bei den politischen Gegnern viel Achtung verschafft. Ich hoffe, dass ihm die Ausübung dieses schweren Amtes noch lange möglich ist; denn für Willi Ritschard war die ehrenvolle Wahl zum Bundesrat sicher nie nur ein «Sprungbrett» für einen späteren Verwaltungsratssitz.

Otto Meier, 63, Schreiner

Umwelt. Das Dorf – und in der Stadt das Quartier – sollten wieder zur menschlichen Gemeinschaft werden, in der sich die Einwohner geborgen fühlen, in dem sie eine Heimat haben. Im Dorf oder im Quartier müssen wir wieder vermehrt die Initiative zum gemeinsamen Handeln ergreifen. Aber auch zum politischen Handeln. Denn gerade hier sind wir vielfach gedankenlos und desinteressiert geworden in den Jahrzehnten der Hochkonjunktur, in denen wir nur noch um das «Goldene Kalb» tanzten. Wir haben uns zu sehr daran gewöhnt, dass alles Politische von oben kommt. Und damit haben wir einerseits unsere Verantwortung für die Politik delegiert und deshalb vergessen. Und andererseits laufen wir Gefahr, den Zentralstaat finanziell und organisatorisch zu überfordern. Gemeinde- und Quartierpolitik sind eine echte Chance. Hier, im überblickbaren Raum, ist für jeden einzelnen noch spürbar, dass er selber betroffen ist. Und diese Betroffenheit ist auch politisch mobilisierbar. Im Dorf und im Quartier kann der Spruch noch als wahr empfunden werden: «Was einen von uns betrifft, betrifft uns alle.» Man kann hier auch den etwas abgegriffenen Spruch anbringen, wonach zuhause beginnen muss, was leuchten soll im Vaterland. Die Politiker stolpern zwar oft mit Zitaten von gestern über Probleme von heute.

Nicht alles, was schrumpft, ist auch gesund

Zuerst hat der Verkehr das Leben draussen im Grünen möglich gemacht. Und mehr und mehr macht der gleiche Verkehr das Leben draussen auch nötig.

„Die Schweiz ist voller Bodenschätze, es ist nur cheibenmässig schwierig, an sie heran zu kommen."

Es gab einmal den Spruch: «Stadtluft macht frei.» Wenn meine Mutter von irgend jemandem sagen wollte, dass er besser situiert sei, dann sagte sie, er könnte in der Stadt wohnen. «Stadt», das waren für sie eher die reicheren Leute.

Mit diesem Denken und mit ihren Möglichkeiten ist die Stadt zunächst immer grösser geworden. Die Stadt hat nicht nur kulturell, sondern eben auch wirtschaftlich mehr geboten als das Land. Das Wachstum der Stadt hat zu grossen neuen Verkehrsbedürfnissen geführt. Und weil man es dabei unterlassen hat, für die Spielplatzfunktion der Strasse Ersatz zu schaffen, und stattdessen die Bäume der Alleen für die Verbreiterung der Strassen abholzt, sank und sinkt der Erholungswert einer Stadt zusehends. Deshalb verlegen immer mehr Verkehrsbetroffene ihre Wohnung von den lärmigen und auspuffverseuchten Gassen vor die Tore der Stadt.

Das vermehrt aber wieder den Verkehr. Denn die in der Stadt verlassenen Wohnungen werden wegen der höheren Rendite zu Banken, Büros, Kaufläden und Versicherungen. Sie werden zu Arbeitsplätzen.

Arbeiten und Kaufen in der Stadt. Wohnen draussen im Grünen. Die City verödet und mit ihr das kulturelle Leben. Der Verkehr hat das verursacht und ermöglicht. Stand eigentlich diese Entwicklung auch im Dienste des Menschen, um den sich in unserem hochzivilisierten Westen sinnvollerweise doch alles drehen müsste? Wie verhält sich der Bewohner des Umlandes einer Stadt heute? Statt 9 oder 10 Stunden muss er nur noch 8 Stunden arbeiten. Dafür sitzt er täglich eine Stunde im Auto oder auch im öffentlichen Verkehrsmittel. Die Frau des Agglomerationsbewohners nennt man «Grüne Witwe». Die Kinder turnen an den Gartenzäunen der Villen-Besitzer und lernen schon früh, dass die einen ein Stück Land besitzen und die anderen nicht. Am Abend sitzt man hinter dem Fernsehapparat bis die Augen viereckig sind. Das ist bequemer und billiger als die Fahrt in die Stadt, zum Lokal, ins Kino oder ins Theater. Das Gemeinschaftsleben stirbt. So gehen wir der sozialen Isolierung entgegen. In dem verkümmerten Rest an Stadt, den noch Menschen bewohnen, wird das Leben sukzessive noch unwürdiger als ausserhalb. Ich glaube, wir müssen anfangen, diesen Kreislauf erkennen zu lernen. Möglicherweise wird es dann auch leichter, jenen Verkehr zu fördern, der zugleich auch das menschliche Zusammenleben in die Stufe der höheren Werte einreiht.

Öffentliche Betriebe unterscheiden sich von privaten nicht einfach nur durch ihre Besitzverhältnisse. Wenn wir öffentliche Betriebe nach privatwirtschaftlichen Grundsätzen betreiben wollten, dann würde sehr bald die Entwicklung eingeleitet, die man heute in der Wirtschaft so schön und verheissungsvoll als «Gesundschrumpfung» bezeichnet. Aber nicht alles, was schrumpft, ist auch gesund. Es ist nicht überall wie bei den Bäuchen, die wir uns angefressen haben. Wenn es mit Hilfe des öffentlichen Verkehrs gelingt – und ich sehe keine Alternative – , uns eine dezentralisierte Siedlungsstruktur zu erhalten, sie sogar attraktiv machen zu helfen, dann hat der öffentliche Verkehr trotz kassenmässigen Defiziten rentiert. Die sozialen Kosten der Verstädterung werden immer die Summen übersteigen, welche die öffentlichen Transportmittel an Defiziten ausweisen.

Zuvorgekommen

Ich kannte ihn schon, als er noch Gewerkschaftssekretär war. Damals sagten wir uns noch Sie: Herr und Fräulein. Vor Jahren sassen wir im Volkshaus. Da wusste ich nicht, wie ich ihn anreden sollte. Herr Bundesrat? Genosse Bundesrat? Kollege Bundesrat? Er kam mir zuvor und nannte mich beim Vornamen.

Hedi Schaller, 60, Adjunktin

Starke Männer sind fast immer gefährlich

Ich glaube, dass sozialdemokratisches Regieren nichts anderes heissen kann, als das Volk regierungsfähig zu machen.

Regieren, Regierung, Regierungsverantwortung sind grosse, fast etwas pathetische Worte. Eigentlich sollte ein echter Demokrat ein bisschen Hühnerhaut bekommen, wenn er sie hört. Wir lernen zwar bereits in der Schule, dass in der Schweiz das Volk regiert. Trotzdem werden aber Begriffe wie «Regieren» und «Regierung» bei uns meistens auf den Bundesrat bezogen. Mit den «Herren von Bern» (oder etwas freundlicher «die z'Bärn obe»), die nichts machen und auch dabei noch versagen, sind fast immer die sieben Bundesräte gemeint. Nur selten die Bundesversammlung und auch nicht die Verwaltung.

Der Bürger weiss wenig über die Kompetenzen des Bundesrates. Sie werden dauernd überschätzt und viele Leute haben geradezu märchenhafte Vorstellungen von seinen Möglichkeiten. Natürlich sind Bundesräte nicht einfach Statisten. Wir schreiben das Drehbuch. Im Parlament sind wir auch so etwas wie Regieassistenten. Aber ob die Stükke, die wir so bis zur Hauptprobe bringen, dann auch wirklich auf den Spielplan kommen, entscheidet bei uns nicht der Bundesrat, sondern das Volk. Auf der Klaviatur der wirklichen Macht spielen wir also eher die kleineren Töne.

Unsere Demokratie ist nicht so angelegt, dass ein einzelner die Richtung verändern könnte. Ich erschrecke immer wieder, wenn man auch bei uns anfängt, an den starken Mann zu glauben und nach ihm zu rufen. Starke Männer sind fast immer gefährlich.

Die Sozialdemokraten stellen in einer mehrheitlich bürgerlichen Exekutive zwei Mitglieder. Die Verhandlungen dieser Exekutive sind vertraulich. Niemand erfährt – es sei denn durch Indiskretionen oder Mutmassungen –, was die zwei Sozialdemokraten im Bundesrat unternehmen. Oft mögen Beschlüsse des Bundesrates so aussehen, als hätten die Sozialdemokraten geschlafen. Der Bürger bekommt ja nur Beschlüsse und nicht die einzelnen Voten zu sehen. Das kann – nicht allein für die sozialdemokratischen Vertreter in diesem Bundesrat – gelegentlich recht frustrierend sein. Aber ich halte es trotzdem für richtig, dass sozialdemokratische Auffassungen auch in diesem Gremium dauernd vertreten werden können.

Ich habe als Nationalrat eine Zeit ohne sozialdemokratische Bundesratsbeteiligung erlebt. Wir sassen damals in der Fraktion wie die Journalisten im Vorzimmer, um jeweils zu vernehmen, was dieser Bundesrat beschlossen habe. Diese Situation ist in keiner Weise zu einem Jungbrunnen für die Partei geworden. Wir wurden auch damals nur älter.

Wenn es uns nicht gelingt, eine Mehrheit des Volkes von unseren politischen Absichten zu überzeugen, wird es uns auch nicht gelingen, diese Mehrheit von unserer Opposition zu überzeugen. Wir Sozialdemokraten müssen die Leute aus der Resignation gegenüber dem Staat (und auch gegenüber der Partei) herausreissen. Das werden wir nur tun können, wenn wir im Staat mitarbeiten und hier unsere Meinung vertreten. Der Kampf um die Mitbestimmung in der Wirschaft würde unglaubwürdig, wenn wir sie im Staat nicht erstreben und nicht praktizieren wollten.

Die Referendumsdemokratie ist so angelegt, dass jeder Verantwortung übernimmt. Ein Bürger kann sich hier selbst mit Stimmabstinenz nicht der Verantwortung entziehen. Unser demokratischer Staat kann nicht ein Gegenüber zum Volke sein. Er muss das Volk selber sein. Wenn der Staat – wie es heute den Anschein macht – vom Volk als Gegenüber empfunden wird, dann greift dieses Volk zum Nein-Stimmzettel und flüchtet schliesslich in die Resignation. Mit Nein kann man aber nicht einmal eine Hundehütte bauen, und mit Nein wird auch dieser Staat schliesslich zur Krabbe, die bekanntlich rückwärts läuft.

Das Volk hat von uns Politikern zu fordern, nicht wir von ihm. Und zum Fordern müssen wir es erziehen. Aber erziehen kann nur, wer sich bückt.

Der Schweizer hat zwar einerseits das stolze Bewusstsein, dass dieser Staat ihm gehört. Er weiss und will, dass er mit seinem Stimmzettel diesen Staat regieren und über ihn bestimmen kann. Auf der anderen Seite wünscht er sich aber doch sehr oft eine Regierung, die entscheidet. Vor allem rascher entscheidet. Eine Regierung, die handelt und bestimmt. Die liberalen Gründer unseres Bundesstaates gingen davon aus, dass sie in diesem Lande für alle Zeiten die sieben Bundesräte stellen würden. Sie haben das auch einige Jahrzehnte lang getan, und es gibt viele Freisinnige in unserem Land, die sich noch heute für die einzige regierungsfähige politische Bewegung halten. Aber das hat sich geändert.

Im Bundesrat stossen also ganz unterschiedliche politische Auffassungen aufeinander. Die Auseinandersetzungen sind gelegentlich hart und gehen sehr oft ans Grundsätzliche. Aber am Ende steht fast immer ein Kompromiss. Weil der Prozess der Auseinandersetzung und die Suche nach dem Kompromiss bereits im Bundesrat seinen Anfang nimmt, ist es eben sehr entscheidend, dass wir bereits hier mitwirken.

Natürlich muss man im Bundesrat gerade als Sozialdemokrat immer sehr aufpassen, dass man nicht unter das Glücksrad der anderen kommt. Man kann oft nur das Schlimmste verhindern, und gelegentlich ist auch der Rest noch schwach genug.

Die Vergangenheit als Sprungbrett benützen und nicht als Kanapee

Erst mit dem erfolgreichen Kampf der Arbeiterbewegung ist unser Staat eine glaubwürdige Demokratie geworden.

Es ist sicher überall unbestritten: Es würde schlechter aussehen bei uns und anderswo ohne Gewerkschaften. Nicht nur bei den Löhnen und den Arbeitsbedingungen. Gründung und Aufbauarbeit der Gewerkschaften sind auch kulturelle Leistungen. Und die Arbeit der Gewerkschaften hat auch sehr viel mit Staatspolitik zu tun.
Wir müssen die Vergangenheit als Sprungbrett benützen und nicht als Kanapee. Ganz besonders die Arbeiterbewegung kann jetzt nicht einfach auf den Lorbeeren ausruhen und an den Knochen ihrer alten Helden nagen. Eine Bewegung, besonders die Arbeiterbewegung, kann ihre Zukunft nicht in der Vergangenheit suchen.
Aber wer die Vergangenheit nicht kennt und nicht bereit ist, aus ihr zu lernen, der wird auch die Zukunft nicht meistern. Wir dürfen uns ruhig daran erinnern, dass der lohnabhängige Arbeiter ein ziemlich rechtloser Mann war, bevor es eine organisierte Arbeiterbewegung gab.
Die französische Revolution und die liberalen Bewegungen in der Schweiz haben zwar die Vorrechte der Geburt beseitigt. Aber die Freiheiten,

die das Volk bekommen hat, als die Könige geköpft waren und als man den Patriziern die Perücke abgezogen hatte, diese Freiheiten waren nicht für alle die gleichen. Besonders die Industrialisierung hat neue und zum Teil viel bitterere Untertanenverhältnisse geschaffen, als sie unter den alten «Gnädigen Herren» bestanden hatten. In einem ungehemmten Liberalismus, der sich besonders in der Wirtschaft austobte, wurde der Lohnarbeiter nun selber auch eine Ware. Und entsprechend wurde er auch benützt und ausgenützt. Er war ein Lohnknecht. Ein fast rechtloser Proletarier.

Wir hatten zwar die Demokratie in unserem Lande. Aber der Staat war den Arbeitern keine Hilfe. Er stand meistens auf der anderen Seite. Es war die Demokratie der anderen, obwohl man an den Schützenfesten das Gegenteil besang.

Wir brüsten uns auch heute noch gerne und zu Recht mit unserer Demokratie. Wir sollten dabei aber auch gelegentlich daran denken, dass diese Demokratie nicht durch neue Verfassungen Wirklichkeit geworden ist. Es war ein neuer Freiheitskampf nötig, bis auch der Arbeiter zum vollwertigen und gleichberechtigten Staatsbürger werden konnte. Dieser Kampf ist die eigentliche grosse kulturelle und staatspolitische Leistung der Arbeiterbewegung. Sie überstrahlt bei weitem, was sonst an materiellen Verbesserungen erreicht worden ist, obwohl die materielle Hebung des Arbeiterstandes mit Gerechtigkeit nicht weniger zu tun hat. Gewerkschaften und Sozialdemokratische Partei haben einen wesentlichen Anteil daran, dass heute auch der Arbeiter zu diesem Staat Ja sagen kann. Es hat auch damit zu tun, dass unser Land in zwei Weltkriegen mit Überzeugung verteidigt worden ist.

Durchgesetzt

Ich glaube, dass Willi Ritschard im Bundesrat einen Teil seiner Politik durchsetzen kann. Aber manchmal muss er bei diesem Kollegialsystem sicher unten durch.

Hans-Ueli Zwahlen, 53, Schriftsetzer

Der frühere Prolet hätte sich wahrscheinlich weniger darum gekümmert, ob er nun hier oder dort ein armer Knecht ist. Einer, der unter die Räder kommt, fragt nicht mehr lange nach der Automarke.

Trotz dieser unbestrittenen Leistung der Arbeiterbewegung finden sich ihre Pioniere allerdings nur selten in den Schulbüchern verewigt. Unsterblich in der Schweiz ist einer vor allem dann geworden, wenn vorher in einer Schlacht ein paar tausend andere für ihn starben. Solche hat man auf die Sockel gestellt.

Wir müssen unsere Volksregierung zurückholen

Wenn das Volk in der Demokratie nicht mehr mitmacht, übernehmen diese Volksherrschaft natürlich andere Leute. Irgend jemand muss ja regieren.

Man spricht jetzt davon, dass wir uns in einer «Nein-Welle» befinden. Wenn das wirklich der Fall ist, dann müssen wir das sehr ernst nehmen. Ist dieses Nein ein Nein zum Staat? Oder ist es ein Nein zu den Abstimmungen an und für sich? Ist es ein Nein zur Zukunft, und bedeutet es eine nostalgische Sehnsucht nach Vergangenem? Der Mensch trauert bekanntlich immer den Zeiten nach, über die er sein ganzes Leben lang geflucht hat. Das ist aber eine gefährliche Denkweise. Nicht nur deshalb, weil sich die Welt auch gegen den Willen der Nostalgiker weiter drehen wird. Wer vor dem sozialen Fortschritt warnt – und die Zahl jener, die das tun, nimmt zu – meint immer als Ziel irgendeine Vergangenheit.

Ein Sozialdemokrat und Gewerkschafter kann niemals die Vergangenheit glorifizieren helfen. Die Vergangenheit war nicht besser als die Gegenwart. Es war eine Vergangenheit ohne Alters- und Invalidenversicherung, eine Vergangenheit der Krisen und der Kriege. Oft genug auch der Not. Fast jede Zukunft kann nur besser sein als diese Vergangenheit.

In letzter Zeit wird manches, das wir gerne verwirklichen würden, vom Volk verworfen. Es gibt Leute, die deswegen resignieren. Aber das sind für mich Flüchtlinge, die vor sich selber flüchten. Wollen wir auch anfangen, mit dem Volke zu hadern? Wir haben kein anderes. Vielleicht muss man die Behauptung, dass wir in der Schweiz keine Regierungskrisen kennen, etwas korrigieren. Wir kennen zwar keine Krisen der Exekutive. Aber muss man die Tatsache, dass ein grosser Teil des Volkes nicht mehr zur Urne geht und dass ein anderer, nicht unbeträchtlicher Teil des Volkes chronisch Nein stimmt, nicht als Regierungskrise bezeichnen? Nimmt hier nicht eine Regierung – nämlich das Volk – Abschied vom Staat?

In einer parlamentarischen, also in einer nicht direkten Demokratie, spricht man von der Regierungsfähigkeit einer Partei, und die Opposition geht dort darauf aus, sich regierungsfähig zu machen. Was wir in diesem Lande brauchen, ist ein regierungsfähiges und ein regierungswilliges Volk. Demokratie ist eine Daueraufgabe. Sie ist mit den rechtlichen Garantien allein nicht verwirklicht. Hier hat sozialdemokratisches Regieren einzusetzen. Wir müssen unsere Volksregierung zurückholen. Man kann keine Probleme lösen, wenn man ihnen davonläuft. Wer regiert aber, wenn das Volk daheim bleibt? Unser Volk besteht zur Hauptsache aus Lohnverdienern. Ihre Interessen müssten also auch in der Politik das grösste Gewicht haben. Haben sie es? Und wenn nicht, warum nicht? Wissenschaftliche Erhebungen zeigen, dass nur rund 24 Prozent der Arbeiter an die Urne gehen. Bei den Arbeitgebern, Kaderleuten, bei den freien Berufen (Ärzte, Anwälte usw.) sind es mindestens doppelt so viele. Das hat natürlich Folgen. Die Abwesenden haben immer unrecht.

Und so kommt es, dass auch Arbeitsgesetze und Sozialgesetze von Leuten beraten werden, die Sozialleistungen nicht so nötig haben wie ein Arbeiter.

70 Prozent der Schweizer sind Mieter. Ich weiss nicht, wie viele von unseren Parlamentariern auch Mieter sind. Aber sicher nicht 70 Prozent. Und die vielen anderen Probleme: Um den Mieterschutz, um die Spekulation mit dem Boden und mit den Wohnungen, wir haben das Hypothekarzinsproblem.

Mir scheint, es sollte sich eigentlich jeder etwas aufrütteln lassen. Unser Schicksal sollte sich nicht einfach über unsere Köpfe und über die Köpfe unserer Kinder hinweg entscheiden. Nur weil man über das Wetter klagt, wird es nämlich auch nicht besser. Das ist auch in der Politik so.

Was können wir machen? Beat Kappeler vom Schweizerischen Gewerkschaftsbund hat einmal gesagt: «Wir müssen den Riesen wecken, der sich selber zum Zwerg gemacht hat.» Mit dem Riesen meint Beat Kappeler unser Volk von Arbeitern und Angestellten. Unser Volk von Mietern. Wir müssen sie mobilisieren. Wir, jeder einzelne von uns. Wir haben keine andere Wahl. Wir sind kein Klub von Millionären. Wir haben kein Geld für Inserate. Unsere Mobilmachung kann nur durch den Kontakt, durch das Gespräch von Mensch zu Mensch erfolgen. Wir müssen einander wieder das Wort gönnen. Wir müssen wieder Zeit haben füreinander.

Ich bin kein Prophet. Aber soviel kann ich voraussagen: Die Zukunft wird denen gehören, die sich um sie kümmern. Wer sein Schicksal nicht meistern will, der muss es ertragen.

Ohne Verankerung in der Partei hängt jeder von uns in der Luft

Es ist schwierig geworden, Sozialdemokrat und gleichzeitig Mitglied einer Regierung zu sein. Man ist da ständig irgendwo dazwischen und fühlt sich aus diesem Grund nirgends so recht verstanden.

Zweifellos trennt eine Kluft die Sozialdemokraten in halb Europa. Eine Kluft vor allem zwischen den Vertretern in den Regierungen und den Aktivisten in der Parteimitgliedschaft. Unsere bürgerlichen Kollegen haben es etwas weniger schwer. In ihren Parteien ist die Willensbildung im allgemeinen etwas einfacher. Sie wird stärker von oben beeinflusst. Es gibt hier Delegiertenversammlungen und nicht Parteitage mit Hunderten von Stimmberechtigten. Darüber hinaus ist der bürgerliche Wähler auch eher autoritätsgläubiger.

Wir haben es, wie gesagt, schwerer. Aber wir alle, SP-Regierungsräte und auch wir SP-Bundesräte, sind im allgemeinen mit unserer Partei auch eher immer etwas ungeduldig. Wir haben die Tendenz, die Partei gewissermassen als «Fussvolk» anzusehen, das uns und dem, was wir beschlossen haben, nachzulaufen hat. Wir möchten gerne vorschreiben, was unter Sozialismus zu verstehen ist. Es gibt sogar solche, die zum vornherein alles das für sozialistisch halten, was sie machen und was sie sagen.

Das ist natürlich eine unmögliche und auch eine gefährliche Mentalität. Die Exekutivmitglieder sind nicht die Partei. Es besteht da in vielen Fragen im Gegenteil eine sehr heilsame Gegnerschaft. Parlamente, die immer ja sagen, würden vermutlich jedem von uns unangenehm zwischen den Zähnen hängenbleiben. Keine Regierung soll das Parlament einfach dem angleichen, was sie selber haben möchte.

Und wir sozialdemokratischen Regierungsmitglieder können auch nicht die Partei dem angleichen wollen, was wir in den Regierungen machen. Wir können unsere Haltung, unsere politische Haltung, vor der Partei vertreten und für sie werben. Aber man kann nicht alle Arbeit in einer Exekutive – die wenigste – in Parteiarbeit umsetzen.

Wir sollten in unserer Regierungsarbeit aber öfter an das denken, was vermutlich die Partei denkt. Dies würde nicht nur der Partei dienen. Wir sind ja Mitglied unserer Behörde, um eine politische Richtung zu vertreten. Und dieser Behörde ist nicht gedient, wenn wir nicht wissen, was unsere Leute wollen. Wir sind

jedenfalls dazu verpflichtet, der Partei immer wieder zu erklären, was wir tun, warum wir es so tun und weshalb es nicht so beschlossen worden ist, wie es die Partei gerne gehabt hätte. Und das Forum, dem wir das erklären sollen, das müssen wir suchen. Parteiveranstaltungen kommen nicht zu uns, wir müssen zu ihnen gehen.
So etwa ist unsere Partei: unbequem, manchmal ungerecht, inkonsequent, intolerant, gelegentlich zum Verleiden. Aber unsere Legitimation, in einer Regierung zu sitzen, die haben wir von unserer Partei erhalten. Sie hat uns vorgeschlagen. Und sie hat deshalb auch einige Rechte an uns. Und es soll sich da keiner täuschen. Er mag noch so populär sein, noch so tüchtig in seinem Departement, er kann tausend Höflinge haben, die immer wieder ja sagen zu allem, was er tut; ohne Verankerung in der Partei und nur auf das Wohl anderer Parteien oder Nichtorganisierter angewiesen, hängt jeder von uns in der Luft. Ein Regierungsmann ist stark,

wenn seine Partei stark ist. Ohne eine starke Partei nimmt man auch ihn nicht zum vollen Gewicht.

Wir sollten nicht aus unserem pragmatischen Denken heraus eine Partei von Pragmatikern machen wollen. Sonst müssten wir uns nicht verwundern, wenn immer mehr junge Sozialdemokraten die Regierungsbeteiligung als etwas Schlechtes, etwas Hemmendes halten, für etwas, das der Partei schadet. Die Regierungsbeteiligung ist aus unserer Partei heraus gewachsen. Wir sollten nun nicht so arbeiten, als gäbe es nur Regierungsmitglieder, die so nebenbei auch noch eine Partei haben müssen. Das kann nicht gut gehen. Wir müssen mitarbeiten. Bei allen Erschwernissen, denen wir dabei begegnen, können wir nicht erwarten, dass die Partei uns versteht, wenn wir nicht einmal versuchen, uns wie geduldige Lehrer immer wieder verständlich zu machen. Und darüber hinaus sind wir ja alle Demokraten. Wir wissen, dass die demokratischen Spielregeln auch die Opposition nötig haben. Vor Opposition muss man nicht Angst haben oder sie gar verurteilen. Sie gehört genauso dazu, wie jene, gegen die Opposition gemacht wird oder gemacht werden muss. Demokratie ist halt wirklich eine schwierige Staatsform, besonders für all jene, die sich an Widerspruch nicht mehr so recht gewöhnen können, weil sie auf einem Thron hocken und fast nur von Ja-Sagern umgeben sind.

Für mich ist der Kritiker kein Staatsfeind

Wir leben in einer politischen Kultur, die nicht auf offenen Konflikt, nicht auf knallharte Ausmarchung der Interessen angelegt ist.

Die Schweizer suchen die Verständigung, den Kompromiss, der so oft lächerlich gemacht und als schwächliches Nachgeben verteufelt wird. Als ob es nicht viel mehr Mut brauchte, einen schöpferischen Kompromiss zu vertreten und zu ihm zu stehen, als mit einer sturen, dogmatischen Haltung stillzustehen oder rückwärts in die Zukunft zu marschieren.

Aber ich weiss es: In der Politik reagieren viele Leute mit der Vernunft erst, wenn alle anderen Möglichkeiten erschöpft sind. Und mancher kann überhaupt nie Vernunft annehmen, weil er nämlich gar keine hat.

Unser System verlangt von seinen politischen Exponenten immer wieder die Kraft und die Fähigkeit zur Fairness und zur Toleranz. Ich würde glauben, dass die Verbundenheit mit dem Volke, die zum Beispiel Hedi Lang auszeichnet, Gold wert ist für das politische Klima unserer Tage. Diese Eigenschaft kann bewirken, dass sich die gefährliche Entfremdung vieler Bürger von der Politik und vom Staat abbaut. Wir leben in einem unkündbaren Verhältnis mit der Vernunft unserer Bürger.

Es ist eines der Geheimnisse der Eidgenossenschaft, wenig «Wesen» zu machen mit ihren Gewählten. Das Pompöse liegt uns nicht. Schon Feierliches macht uns Hühnerhaut, und so vergraben wir dann jeweils auch schon bald unsere Hände in den Hosensäcken, und dann ist der letzte Rest von Feierlichkeit auch noch vorbei.

Aber auch in der Demokratie gibt es ein Oben und ein Unten. Auch wir brauchen eine Art Hierarchie, wir stellen diese Hierarchie nur nicht so gerne dar. Wer je seinen Kopf zu hoch über den eidgenössischen Durchschnitt emporgereckt hat, hat ihn meistens verloren wie etwa der Hans Waldmann in Zürich. Das ist heilsam.

Mit der Beteuerung der Gemeinsamkeit sollte man nicht den Eindruck erwecken, eidgenössische Politik bestehe zur Hauptsache darin, dass man sich in Bern verbrüdert. Demokratische Politik verlangt auch eine produktive Gegnerschaft. Ein Mehrparteiensystem und auch eine Mehrparteien-Regierung wären eine reichlich problematische Sache, und sie würden der Demokratie wenig dienen, wenn sich die Parteien immer nur in

Der Aussätzige

„Für mich ist ein Kritiker kein Staatsfeind"

den Armen liegen würden. Vielleicht vermuten wir im Volk gelegentlich zu viel Harmoniebedürfnis. Unser Bürger darf nicht über eine sanfte und einschläfernde Kompromiss-Politik zur Auffassung kommen, es gebe überhaupt keine Politik. Die Politik ist auch nicht an einem Bürger interessiert, der nur den Kompromiss kennt. Die Demokratie braucht den denkenden Bürger, der sich aus gegensätzlichen Auffassungen seine eigene Meinung bildet, auch wenn es gelegentlich leichter ist, zu einem eigenen Haus zu kommen als zu einer eigenen Meinung. Ich halte mich für einen Patrioten. Ich liebe unser Land. Gerade deshalb meine ich, dass man aus unserem Staat und unseren Einrichtungen nicht heilige Kühe machen soll. Für mich ist der Kritiker kein Staatsfeind. Im Gegenteil. Wir brauchen die dauernde Kritik am Staat. Wir brauchen auch die Bereitschaft zur dauernden Veränderung. Jeder Mensch, aber auch jede Institution, die sich mit Politik, also mit den Problemen des Zusammenlebens und der Gestaltung der Zukunft befasst, steht mir näher als einer, dem alles Politische gleichgültig ist. Ein Freisinniger ist mein politischer Gegner. Er kann auch mein Freund sein. Aber mein Feind kann er nicht sein. Dabei bin ich nicht toleranter als andere Leute. Was politische Gegner verbindet und verbinden muss, ist Toleranz. Ich meine nicht den voreiligen Kompromiss.

Ich meine die Toleranz im politischen Streit. Toleranz und Liberalität in der Auseinandersetzung um Meinungen und Vorstellungen. Keine der heute existierenden Parteien kann für sich in Anspruch nehmen, sie habe die Schweiz erfunden. Keine Partei hat das Recht, von sich zu behaupten, die Schweiz und die schweizerische Gesinnung für sich allein gepachtet zu haben. Keine hat das Recht, sich schweizerischer vorzukommen als die andere. Der Staat – oder eine Partei – als Verwalterin der Wahrheit, das ist für eine Demokratie ein unerträglicher Gedanke. Der demokratische Staat verbietet es, von sich zu behaupten, er stünde in einem direkten Verhältnis zur Wahrheit. An die Stelle der Wahrheit tritt in der Demokratie die Mehrheit. Das ist so etwas wie eine Spielregel, auch wenn die Mehrheit nicht immer mit der Wahrheit identisch ist. Ein Demokrat muss die gar nicht immer leichte Fähigkeit entwickeln, zuzusehen, dass auch seine tiefsten Überzeugungen als Irrtum behandelt werden. Wer zur Toleranz nicht fähig ist, muss sich die Frage nach seinem Demokratieverständnis stellen lassen. Gewiss findet man mit einem Papagei viel rascher und angenehmer eine gemeinsame Sprache. Aber noch schlimmer als der Wolf im Schafspelz ist für mich das Schaf, das mit den Wölfen heult, einer, der alles hinnimmt und auch dafür noch Beifall spendet.

Ich mache aus dem Staat keinen Gott

Unser Staat ist nicht reich. Und es ist auch nicht seine Aufgabe, reich zu werden. Reich ist der Staat, wenn es seinen Bürgern gut geht.

Die Aufgabe des Staates ist es, die Wohlfahrt seiner Bürger zu mehren. Und dass zwischen Wohlstand und Wohlfahrt ein fundamentaler Unterschied besteht, ist uns wohl in den letzten Jahren allen irgendwie bewusst geworden. Unser ganzer Wohlstand nützt uns herzlich wenig, wenn wir kein Wasser mehr trinken können, das wir nicht vorher gekocht haben, und wenn wir zuletzt alle mit der Gasmaske herumlaufen müssen, weil wir sonst unsere verpestete Luft nicht mehr atmen können. Das und vieles andere zu verhindern, ist Aufgabe des Staates, und die Lösung dieser Probleme fördert die Wohlfahrt des Volkes.

Es wird ein neuer Schlager gesungen im Schweizer Land: Weniger Staat, mehr Freiheit. Und das ist, wie die Wahlen zeigen, ein ziemlich eingängiger «Ohrwurm». Wenigstens, wenn man ihn so nachsingt, wie man eben Schlager singt: Ohne über den Text nachzudenken.

Ich mache aus dem Staat auch keinen Gott. Ich erlebe ihn schon seit einigen Jahren von innen. Ich kenne seine Schwächen. Auch ich wäre

froh, wenn für unser Zusammenleben immer noch die Zehn Gebote Gottes genügten. Wir müssen sehr aufpassen: Man darf den Menschen nicht mit den Gesetzen konfektionieren und ihn ständig behördlich genehmigten Ansichten unterwerfen wollen. Menschen sind keine Stahlmöbel. Ich wehre mich aber auch dagegen, wenn man aus dem Staat eine Vogelscheuche machen will. Natürlich schränkt der Staat die Freiheit der Bürger ein. Das tut auch jedes Vereinsstatut.
Aber man muss dann schon genau hinsehen, wer welche Freiheit meint, wo und wie der Staat den Menschen daran hindert, sich frei zu entfalten.

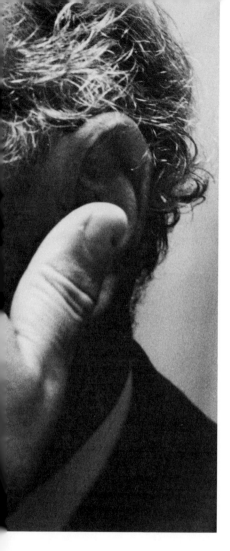

Dabei meine ich hier nur den demokratischen Staat, der von Behörden verwaltet wird, die das Volk frei gewählt hat, nach Gesetzen, die entweder das Volk selbst oder seine von ihm gewählten Vertreter beschlossen haben.

Ich bin wirklich nicht der Meinung, der Staat müsse sich um alles und jedes kümmern – zuletzt gar noch um das Glück in der Liebe seiner Bürger. Ich meine auch, dass es wichtige Sachen gibt, die andere viel besser regeln können. Zum Beispiel die meisten Probleme am Arbeitsplatz – vorausgesetzt, dass die Spiesse der Sozialpartner ungefähr gleich lang sind. Wenn also den Unternehmern starke Gewerkschaften gegenüberstehen. Eine der wichtigsten Funktionen des demokratischen und sozialen Staates ist es, den Menschen vor dem Menschen zu schützen: den Schwachen vor rücksichtslosen Starken; die Friedlichen vor Gewalttätigen; die Vernünftigen vor Unvernünftigen.

Und was die Freiheit anbelangt: Hunderttausende von unseren alten Menschen bekommen heute eine Rente, weil der Staat die obligatorische AHV eingeführt hat. Ich frage: Wären diese Alten alle freier, wenn sie keine Rente bekämen? Oder ist es nicht vielleicht umgekehrt? Das gleiche gilt für Witwen und Waisen, Behinderte und Verunfallte usw. Eine andere Frage: Ist es denn heute überhaupt immer der Staat, der die Freiheit der Bürger einschränkt? Ein Beispiel: Die Stadt Zürich hat in den letzten 20 Jahren weit über 50 000 Einwohner verloren. Tausende von diesen Leuten sind nicht einfach freiwillig gegangen. Und es ist auch nicht der Staat gewesen, der sie gezwungen hat, ihren Wohnsitz in der Stadt zu verlassen und Pendler zu werden. In den grösseren Städten und ihren Vororten haben die Bodenpreise schwindelerregende Höhen erreicht. Eine neue 4-Zimmer-Wohnung kostet mindestens 1200 Franken Miete im Monat. Das läuft praktisch auf ein Wohnverbot in der Stadt hinaus, mindestens für Arbeiterfamilien mit Kindern. Aber es ist nicht der Staat, der diese Preise in den Himmel hinaufgetrieben hat. Folglich ist es auch nicht der Staat, der hier Tausenden von Menschen die Freiheit arg beschnitten hat: das Recht nämlich, ihren Wohnsitz frei zu wählen. Ich bin sicher, dass hier mehr Staat vielen Menschen mehr Freiheit gebracht hätte. Dann nämlich, wenn der Staat eingegriffen und verhindert hätte, dass mit dem Boden und den Wohnungen der Menschen spekuliert werden kann. Wenn er eine Siedlungs- und Wohnpolitik getrieben hätte, die den echten Bedürfnissen der Menschen und ihrem Zusammenleben entsprochen hätten. Kurz, wenn wir Städte hätten, wo man auch im Kerngebiet noch wohnen und leben kann und wo nicht bloss kassiert werden darf. Allerdings hätte eine solche Politik auch weniger Freiheit bedeutet. Vor allem für die Spekulanten...

In den letzten Jahren ist mehrmals schwerer Druck auf Redaktoren und Journalisten ausgeübt worden. Die Pressefreiheit, die so wichtig ist im demokratischen Staat, ist ganz unzimperlich beeinträchtigt worden. Aber auch in diesem Fall war es nicht der Staat, der die Meinungsfreiheit unterdrückte, sondern wenige, dafür finanziell mächtige Inserenten. Ein paar Leute, die sich wenig darum kümmern, dass unser Staat in seiner Verfassung die Pressefreiheit ausdrücklich gewährleistet.

Wer nicht blind oder unaufrichtig ist, muss sehen, dass das ganze Leben in unserer Gesellschaft viel weitgehender von der Entwicklung der Technik und der Wirtschaft beherrscht wird. Und nicht vom Staat. Gerade in der Wirtschaft: Da wird manchem Angestellten auf die Achsel geklopft, bis er einen Buckel macht. Im Gegensatz zum Staat aber ist der überwältigende Teil der Wirtschaft nicht demokratisch strukturiert. Nur wenige haben Stimmrecht, und die Dirigenten sind nicht vom Volk gewählt. Ihre Freiheit zu entscheiden und zu regieren ist unvergleichlich grösser als die Möglichkeiten eines Bundesrates...

Wie steht es um die vielen hunderttausend Arbeiter und Angestellten, die in dieser Wirtschaft mitarbeiten? Wo ist ihre Freiheit? Ihr Recht, mitzubestimmen am Arbeitsplatz, von dem doch auch ihr persönliches Schicksal und das ihrer Angehörigen abhängt? Wenn die Leute, die jetzt nach mehr Freiheit und weniger Staat rufen, die Initiative ergreifen würden zu einem wahrhaftigen Recht auf Mitbestimmung auch für die Arbeitnehmer in unserer Wirtschaft, dann könnte ich meine Skepsis augenblicklich vergessen. Man will ja nicht nur mehr Freiheit, sondern auch mehr Verantwortung. Mitbestimmung – das bedeutet mehr

Vaterland

Verantwortung für die Arbeitnehmer. Denn dann hätten wir einen grossen Schritt zurückgelegt auf dem Wege zu einer wirklich demokratischen Gemeinschaft. Hunderttausende würden tatsächlich mehr Freiheit und damit auch mehr Menschenwürde bekommen. Solange das nicht geschieht, werde ich den Verdacht nicht los, es gehe gewissen Leuten überhaupt nicht um die Freiheit ihrer Mitbürger. Sondern darum, den Staat zu schwächen. Insbesondere dort nämlich, wo dieser Staat die Mehrheit der wirtschaftlich Schwachen und ihre Freiheit vor Übergriffen der wenigen, aber Mächtigen schützen sollte.

Wir brauchen einen soliden Staat. Einen Staat, der über den Machtgelüsten einzelner Gruppen steht. Der imstande ist, das zu tun, was dem ganzen Lande dient und der Freiheit aller Bürger. Wir sind gewarnt: Wenn der «Schlager» im Endeffekt auf weniger Staat, dafür mehr Macht den Reichen hinauslaufen sollte, dann singen wir nicht mit!

Jeder Beamte muss ein Ombudsmann sein

Beamte – das kann man nicht genug unterstreichen – haben nicht das Gesetz gegenüber dem Bürger zu vertreten, sondern den Bürger gegenüber dem Gesetz.

Die vielen neuen Aufgaben, die der Bund zu übernehmen hatte, haben auch seine Verwaltung vergrössert.

Wertvoll

Als Politiker in der Schweiz in dem Rahmen, der ihm gegeben ist, ist Willi Ritschard viel wert. Ich glaube, er probiert das Optimum herauszuholen. Allerdings ist er auch oft enttäuscht worden. Ich denke da an die Bankkundensteuer. Wenn er den Konfrontationskurs gewählt hätte, wäre er auch nicht weiter gekommen. Die Machtverhältnisse sind nun mal so in der Schweiz.

Georg Steigmeier, 32,
Flugzeugmechaniker

Und je grösser diese Verwaltung, je grösser dieser Bund wird, desto kleiner kommt sich ihm gegenüber der an unsere kleinen, überblickbaren Gemeinwesen gewohnte Bürger vor. Er fühlt sich zusehends diesem «Bern» ausgeliefert. Die Angst vor der Verwaltung wird dazu von Rechtskreisen ganz bewusst geschürt. Und die Leichtgläubigen bilden eben auch bei uns eine gefährliche Sekte.

Es gibt sehr viele Schweizer, die im Glauben leben, der Beamte habe einen Lohn, den er kaum ausgeben könne und der grundsätzlich sein Bedürfnis nach Schlaf während der Arbeitszeit befriedige. Beamte sind also gerne benützte Zielscheiben von Witz und Ironie. Sie mögen meistens billig sein, diese Witze. Auch ungerecht. Aber ich bin eigentlich froh, in einem Staat zu leben, in dem man über die Beamten noch lachen darf und kann.

Denn letztlich sind es nämlich nicht Bundesräte, Regierungsräte und nicht Parlamentarier, die diesen Staat repräsentieren. Wenn der Bürger vom Staat etwas will, wenn er vor den Staat zitiert wird, dann hat er es mit Beamten zu tun. Der Weg zum Staat fällt manchem Bürger schwer. Lange Korridore mit Büros und

Nummern machen ihm Angst. Wenn er hinter Bürotüren dann noch Menschen trifft, denen es Spass macht, die böse Staatsautorität zu spielen, dann kann diesem Bürger die Lust an der Demokratie ein für allemal vergehen.

Die Qualität eines Staates wird vom Bürger immer wieder an den menschlichen Qualitäten seiner Beamten gemessen. Hier liegt die grosse Verantwortung, die ein öffentlicher Funktionär zu tragen hat. Er ist der Mensch, der den Staat menschlich machen muss. Beamte vertreten nicht trockene und kalte Gesetze. Beamten haben dem Bürger das Gefühl zu geben, dass ihm dieser Staat gehört, das Gefühl auch, dass dieser Staat nicht einfach eine Organisation der Macht, sondern eine solidarische, menschliche Gemeinschaft ist und bleiben muss.

Gelegentlich habe ich den Eindruck, dass nicht nur dem Bürger die Lust am Staat abhandengekommen ist, sondern auch manchem Beamten und manchem Politiker.

Ich bin gegen einen Ombudsmann in der Verwaltung. Die Briefe, die mir Bürger unseres Landes jeden Tag schreiben, möchte ich eigentlich auch in Zukunft lieber selber lesen. Ich kann daraus lernen. Und ich kann daraus auch entnehmen, ob meine Verwaltung ihre Aufgabe richtig sieht. Ein Ombudsmann wird die Entfremdung des Bürgers von der Verwaltung nie aufhalten können. Das kann man nicht mit tröstlichen Briefen und Antworten auf Reklamationen tun. Jeder Beamte muss ein Ombudsmann sein. Das ist ebenso wichtig wie das Auswendiglernen von Gesetzessammlungen.

Die Macht des anonymen Kapitals ist eine undemokratische Macht

Das Rationelle darf nicht alles Menschliche verdrängen. Die sozialen Kosten der Grösse und der Zusammenballung sind meistens höher als die Kosten der Dezentralisierung.

Es wäre vielleicht ganz gut, wenn man sich an die Weisheit erinnern würde, dass in der Liebe die Hoffnung sechsspännig, der Wunsch vierspännig, die Erwartung zweispännig fährt. Und die Wirklichkeit schliesslich fährt mit einem einzigen Gaul. Das sollte man auch in der Wirtschaft beherzigen. Hier haben in der Vergangenheit gelegentlich sechs Pferde am Karren gezogen, obwohl man eigentlich nur zwei eingespannt und nicht einmal für diese genug geistiges Futter hatte.

Auf Börsenkurse hat bekanntlich manchmal schon die Art Einfluss, wie der Makler seine Nacht verbracht hat oder wie warm ihm am Morgen der Kaffee serviert worden ist. Man kann zwar viele Dinge schon nehmen, wie sie kommen. Aber man sollte in gewissen Situationen auch dafür sorgen, dass die Dinge so kommen, wie man sie nehmen möchte. Wenn es einen Glauben gibt, der Berge versetzen kann, gehört dazu immer auch der Glaube an die eigene Kraft.

Vertrauen in den Zufall heisst immer Resignation. Die Welt wird von Menschen gestaltet. Hochkonjunktur und Krisen sind nicht Zufälle oder Naturereignisse. Deshalb müssen wir die Welt in die Hand nehmen. Und dazu ist bei den heute bestehenden intensiven gegenseitigen Abhängigkeiten nur eine Institution legitimiert: die Gesellschaft, der Staat, die Gemeinschaft.

Die Macht des anonymen Kapitals ist eine undemokratische Macht. Demokratie meint die Macht der Menschen, unabhängig von ihrem Besitz. Dem Schwachen kann nur ein starker Staat helfen. Die Sozialeinrichtungen des Staates schützen nicht nur den Arbeitnehmer. Sie entlasten auch den Arbeitgeber von Aufgaben, die er im Alleingang gar nicht mehr zu leisten vermöchte. Die Wirtschaft verbindet den falschen Finger, wenn sie glaubt, dass ein schwacher Staat wirtschaftliche Freiheit bedeutet.

Und ein Zusammenbruch des Sozialstaates, davon bin ich überzeugt, würde zu einem weitgehenden Zusammenbruch auch der Wirtschaft führen. Ich bekomme täglich Briefe

Die Macht des Kapitals ist eine undemokratische Macht

von sogenannten einfachen Bürgern, die mich fragen, ob nicht in diesem Staat andere die Macht ausübten als die gewählten Institutionen. Viele Bürger lassen sich nicht vom Glauben abbringen, dass die Wirtschaft und ihre Organisationen viel mächtiger seien als alle Politik. Sie glauben, dass die Mächtigen in dieser Wirtschaft jene Gestalten seien, die wie die Unsichtbaren im Marionettentheater an Schnüren Bundes- und andere Räte zum Tanzen bringen. Auch diese Annahmen drücken im Grunde Ohnmacht und Resignation aus.

Unser Land, unser Volkscharakter und unser im ganzen doch recht friedliches Zusammenleben würden Schaden nehmen, wenn es neben industriellen Arbeitgebern bei uns nur noch eine grosse Zahl von Unselbständigen geben würde. Wenn also nicht die Mittelschicht – das selbständige Gewerbe – und nicht möglichst viele selbständige Landwirtschaftsbetriebe weiterhin bestehen würden. Das wäre nicht nur eine Verarmung in der Zusammensetzung unseres Volkes. Wir würden das auch geistig spüren. Wir hätten vermutlich viel gespanntere Beziehungen in Wirtschaft und Politik. Ein viel grösserer Teil unseres Volkes wäre entwurzelt und hätte keine Beziehungen mehr zur Natur und zur Urproduktion, die viele von uns vom Vater oder Grossvater oder durch andere Beziehungen heute noch haben. Es gibt mehr «Bauern» in der Schweiz, als die Betriebszählung aufweist.

Es gab eine Zeitlang auch in unserem Lande einen Trend und sogar ein Lebensgefühl, in dem nur noch Grösse als gut gelten wollte. Nur was gross war, war auch vernünftig und fortschrittlich. Fachleute haben uns beredt bewiesen, dass nur die grosse und immer grösser werdende Firma im Wettbewerb bestehen könne; nur das Grossraumbüro arbeite rationell; allein die Grossgemeinde könne ihrem Bürger das bieten, worauf er Anspruch hat, und nur das Grossspital könne moderne Medizin vermitteln. Grossschulen, Hochhäuser, Grossüberbauungen, Satellitenstädte entstanden. Auch in der Landwirtschaft wurde Grössenwachstum zum wirtschaftlichen Massstab. Die sogenannten «Tierfabriken» sind die Zeichen dieser «Kultur des Gigantismus», um einen anderen Ausdruck für Grössenwahn zu verwenden.

Was ist aus diesem Denken geworden? Auf uns – ein paar Jahre älter geworden – wirkt das Grosse bereits fremd, kalt und unmenschlich. In durchrationalisierten Grossbetrieben und hinter Hochhausfassaden wachsen Anonymität und Einsamkeit. Dem Grossen fehlt das menschliche Mass.

Ich weiss natürlich auch, dass wir uns auch hier nicht von der Vergangenheit überholen lassen und die Nostalgie zur Maxime machen dürfen. Aber wir können das Neue nicht nur hinnehmen, weil es scheinbar rationeller ist.

Die Beziehung des Menschen zu seinem Betrieb, zu seiner Arbeit, zu seiner Herkunft, zum Boden und damit zum Land darf nicht in grossen Konzentrationen absterben. Es genügt schon, dass die Geschirrspülmaschine uns Männer langsam überflüssig macht.

Die Arbeitslosigkeit trifft die Arbeitslosen nicht prozentual

Wir müssen uns darüber klar sein, dass Arbeitslosigkeit heute nicht mehr allein ein soziales Problem ist. Arbeitslosigkeit hat auch etwas mit Staatspolitik zu tun.

Es gibt wieder Arbeitslose in unserem Land. Es gibt Kurzarbeit, es gibt Angst um den Arbeitsplatz. Zwar stehen wir im Vergleich zu anderen Ländern mit der Zahl unserer Arbeitslosen noch günstig da. Aber einen einzelnen Arbeitslosen interessiert es nicht sehr, wie viele Promille oder Prozente er mit seinen Leidensgenossen zusammen ausmacht. Besonders einen älteren Arbeitslosen trifft die Arbeitslosigkeit nicht prozentual. Sie trifft ihn ganz.

Man muss berücksichtigen, dass dieser Beschäftigungseinbruch sehr unvorbereitet auf uns zukam. Nicht nur geistig sind wir darauf kaum eingestellt gewesen, obwohl von Kundigen immer wieder auf den biblischen Zyklus von den mageren Jahren, die den fetten folgen werden, hingewiesen wurde.

Es hat keinen Sinn, nach Sündenböcken zu suchen. Man stillt keine Tränen, indem man sie abtrocknet. Wir sollten aber bedenken: Immer wenn Bürger zittern müssen, gibt es auch Risse in den Grundmauern des Staates.

Die Probleme der wirtschaftenden Menschen bestehen nicht allein aus Konjunktur und Konsum. Man spricht auch von der Entfremdung des Arbeiters in der Produktion. Er wisse nicht mehr, was er eigentlich herstelle, und habe neben der Freude auch die Beziehung zum Produkt verloren. Die gleiche Entfremdung gibt es auch beim Konsumenten. Haben wir überhaupt noch ein Verhältnis zu den Dingen, die wir kaufen und konsumieren?

Alles, was man im Laden kauft, hat heute einen Grad von Selbstverständlichkeit angenommen, der uns

Aufgestellt

Ich habe ihn an einer Jungbürgerfeier erlebt. Da kam er recht gut ins Gespräch mit den Jungen. Das hat mich aufgestellt.

Urs Imhof, 35, Jugendarbeiter

ohnmächtig macht. Nicht nur die Technik hat den Menschen überholt. Die Wirtschaft überhaupt. Das Talent, mit dem sich die Menschen ihre Welt aufbauen, wird heute eigentlich fast nur noch durch die Genialität überboten, mit der wir diese Welt

Verändert

In den letzten Jahren habe ich ein bisschen Mühe mit ihm. Mich dünkt, dass er sich verändert hat. Das soll nicht ein Vorwurf sein. Aber weil er immer wieder mit Bürgerlichen zusammen ist und zusammen sein muss, hat er viele Dinge von ihnen angenommen. Das ist mir unsympathisch. Willi ist nicht mehr der Willi wie er vor zehn Jahren war. Mich dünkt auch, dass er vom Alter her hätte aufhören sollen. Er macht sich kaputt.

Monika Grossenbacher, 29, Sekretärin

wieder zerstören. Wir beklagen es zwar ab und zu, dass wir der Technik derart ausgeliefert sind. Wir hoffen dabei, dass sie sich schon irgendwie und irgendwann selber besänftigen werde und dass sich auch ihre unliebsamen Nebenprodukte durch den weiteren technischen Fortschritt immer wieder mühelos beseitigen lassen.

Sicher, auf vielen Gebieten bleibt kaum etwas anderes übrig, als die Technik zu verfeinern und auszubauen. Aber es ist doch ab und zu so, dass wir dringend notwendige politische Entscheide nicht mehr fällen wollen, weil wir die kindliche Hoffnung haben, dass uns eine neue Technik diesen Entscheid abnehmen werde. Zwar sprechen alle davon, dass es nicht ewig so weitergehen könne. Dass wir nach und nach an Grenzen stossen. An die Grenzen des Wachstums. Auch an die Grenzen der technischen Möglichkeiten. Aber sind wir auch wirklich bereit, daraus Konsequenzen zu ziehen?

Entfremdung: Das ist der Umstand, dass der Mensch den Überblick über seine Welt weitgehend verloren hat. Wenn das stimmt, hat der Bürger aber auch den Glauben an die Machbarkeit der Welt verloren, und damit wirft er sich auch einem zufälligen Schicksal ergeben in die Arme. Resignation heisst auf Deutsch: Schicksalsergebenheit, Verzicht, Entsagung. Das alles hat sehr viel mit Demokratie zu tun, besonders bei uns, wo die Machbarkeit des politischen Schicksals so ausdrücklich und ausgiebig in die Hände des Volkes gelegt ist.

Es ist lebensgefährlich geworden, ein Kind zu sein

Elternliebe ist nicht so selbstverständlich wie wir glauben. Jeder Vater hat Kinder. Aber immer weniger Kinder haben einen Vater.

Erst vor kurzem haben uns junge Menschen unüberhörbar mit Anklagen überschüttet. Wir Alten hätten sie nach «Grönland», ins «Packeis» geführt, eine «seelische Wüste» produziert, in der der Mensch verdursten müsse. Hemmungsloser Materialismus habe bei den Menschen das Gefühlsleben verschüttet. Wir verstünden nur noch zu krampfen, Geld zu machen und zu konsumieren. Dagegen seien wir unfähig, miteinander zu reden, einander gern zu haben und uns am Leben richtig zu freuen. Waren seien bei uns wichtiger als Menschen, Haben sei wichtiger als Sein.
Ich habe diese Ausbrüche der Jungen ernst genommen, als Symptom einer moralischen Krise, in der unsere Gesellschaft steckt. Ich sehe darin aber auch eine Hoffnung für die Zukunft. Haben nicht auch alle geistigen Führer der Arbeiterbewegung immer wieder die «Menschwerdung» des Arbeiters als Ziel unserer Kämpfe bezeichnet? Mit der «Menschwerdung» meinen sie nicht bloss frei sein von materieller Not. Das war für sie nur die Voraussetzung für menschenfreundlichere Lebensformen. Sie wollten den freien, mündigen

Menschen, der sein Schicksal selber bestimmt, vor allem auch am Arbeitsplatz und in der Wirtschaft. Genau das will offensichtlich auch ein engagierter Teil unserer Jugend. Beweis dafür sind eine ganze Reihe von sogenannten Alternativbetrieben, die in den letzten Jahren gegründet worden sind. Ein altes Ideal ist wieder jung geworden. Jung mit den Jungen. Sie werden zwar kaum wissen wollen, was die Arbeiterbewegung für sie erkämpft hat und was unser Land ihnen gibt. Aber es fehlen ihnen eben Dinge, die es früher noch mehr gegeben hat: Mitmenschlichkeit, Geborgenheit, überschaubare Lebens- und Arbeitsverhältnisse, Wärme.
Mich macht es glücklich, dass unsere Jugend danach sucht und einen Teil der Erfüllung in den Produktivgenossenschaften findet. Das beweist uns auch, dass die Sehnsucht des Menschen nach mehr Freiheit, Gerechtigkeit und Brüderlichkeit nicht umzubringen ist. Und der Glaube, dass wir diese Welt zum Besseren verändern können, offensichtlich auch nicht. Muss uns das nicht Mut

geben? Den Mut zu schöpferischen Taten?
Viele Junge haben ein gebrochenes Verhältnis zu diesem Staat, weil sie den Staat nicht als Sozialstaat, sondern als Ruhe- und Ordnungsmacht, als Polizeistaat erfahren. Ich verurteile mit aller Entschiedenheit Gewalttaten und Krawalle, wie sie eine Minderheit der Jugendlichen produziert. Aber Jugendunruhen sind immer auch eine Krankheitserscheinung. Die Unruhe in der politisch aktiven Jugend muss uns eine War-

nung sein. Und wir sollten nie vergessen, dass alle grossen Bewegungen in der Geschichte von aktiven Minderheiten, von Unzufriedenen ausgegangen sind. Die «Schweigende Mehrheit» hat sich immer erst nachher die Augen gerieben. Wir wissen alle, dass ein Leben im Wohlstand angenehmer ist als ein Leben in Armut. Aber wir alle sind nicht mit allen Nebenwirkungen dieses Wohlstandes fertig geworden.

Das Jahr 1979 war zum «Jahr des Kindes» proklamiert worden. Die Tatsache, dass eine solche Proklamation als notwendig empfunden worden ist, müsste uns eigentlich stutzig machen. Gibt es wirklich jemanden auf dieser Welt, der Kinder nicht gern hat? Der auf sie nicht Rücksicht nimmt? Der nicht alles tut, um Kindern Freude zu machen?

Wir wissen, dass viele Probleme von Erwachsenen ihre Ursache in der Kindheit haben. Wir haben – das ist zu beklagen – unsere Welt ziemlich gedankenlos zu einer Welt für Erwachsene eingerichtet. Oder besser gesagt für das, was wir für erwachsen halten. In unsere Betonwüste, unsere

Auto-, unsere Fernsehkultur, in unsere Leistungsgesellschaft und in unsere Streberei will eigentlich das Kind mit seinem Lachen und seinem Willen zum Glück nicht mehr so recht hineinpassen.

Es fehlt die Harmonie des Ganzen. Wir sollten es eigentlich längst gemerkt haben. Man kann auch der Virtuose eines falschen Spieles sein. Wir geben es ungern zu. Aber das ändert nichts daran: Unsere Welt ist auf vielen Gebieten eine kinderfeindliche Welt geworden. Deshalb haben

wir auch so eifrig damit begonnen, Kindern eine Ersatzwelt anzubieten. Und selbst dabei machen wir von unserer Klugheit meistens noch den dümmsten Gebrauch.
Wir haben mit unserer modernen Welt dem Kind zusehends den Platz und die Bewegungsfreiheit entzogen. Es ist lebensgefährlich geworden, ein Kind zu sein. Wir haben mit der modernen Unterhaltungsindustrie und mit einer Konsumgesellschaft, die das Kind radikal eingefangen hat, die Kinder in ihrer natürlichen Entwicklung gestört. Der Fortschritt hatte sicher einmal sein Gutes, aber jetzt hört er nicht mehr auf.
Immer wieder stellen sich Menschen heute die Frage, ob man es noch verantworten dürfe, Kinder in diese Welt zu setzen. Wenn diese Frage verneint werden müsste, dann müssten wir alle ehrlicherweise gestehen, dass wir gescheitert sind. Besonders der Politiker müsste sich dann beschämt fragen, wozu es ihn eigentlich gibt. An der zentralen Frage nämlich, ob es sich lohnt zu leben, ob man Kinder in diese Welt setzen soll oder nicht, an dieser Frage muss die Politik gemessen werden.
Jugendarbeit, das heisst in vielen Fällen einfach: «Nachwuchsförderung». Nachwuchs für den Turnverein, Nachwuchs für die Musik, für die Partei, für vieles andere. Die Jugend – das halten viele für ihre vornehmste Aufgabe – soll den Fortbestand von Institutionen gewährleisten.
Wir müssen uns gründlich fragen:

Weshalb ist denn diese Welt auf so vielen Gebieten eine kinderfeindliche Welt geworden? Es geht ja nicht nur darum, dass unsere Kinder in dieser Welt bestehen können. Unsere Welt muss auch vor unseren Kindern bestehen können. Und Kinder – ich erlebe das als Grossvater immer wieder – sind kritisch. Und es sind Kritiker, die man ernst zu nehmen hat. Und sie haben erst noch recht mit ihrer Kritik. Die Kinder haben schon deshalb eine gute Welt verdient, weil sie die schlechte nicht verschuldet haben.

Resigniert

Ich finde Willi Ritschard nicht schlecht. Aber ich weiss nicht, ob ein Sozialdemokrat im Bundesrat tätig sein sollte und ob sich das mit seinen politischen Interessen vereinbaren lässt, wo doch klar ist, dass er immer wieder Kompromisse eingehen muss. Ich finde ihn ein bisschen zu wenig aggressiv. Manchmal habe ich auch das Gefühl, dass er resigniert hat.

Renato Ugolini, 19, Metallbauschlosser-Lehrling

Besitzende und Satte fürchten immer Unruhe

Und es ist und bleibt die Aufgabe der Gewerkschaften, den Menschen Selbstbewusstsein zu geben.

Unser ganzes Volk schuldet den Gründern und Pionieren der Gewerkschaften Dank. Von dieser Dankesschuld zu reden, ist kein leeres Wort.

Herman Greulich, die markanteste Persönlichkeit aus der Gründungszeit des Gewerkschaftsbundes, hat in einer Rede im Jahre 1899 folgendes festgehalten: «Eine grosse Kulturaufgabe, vielleicht die grösste unserer Zeit, ist es, die den Gewerkschaften obliegt. Zunächst ist es freilich nur die materielle Lage der Arbeiterklasse, die es zu verbessern gilt. Aber damit heben sich unmittelbar auch die sittlichen und geistigen Kräfte der Arbeiterschaft.

Die Gemeinsamkeit wird wieder erhoben aus dem verödenden Individualismus unserer Tage. Als Glied einer kämpfenden Gemeinschaft erhebt der einzelne sein Haupt. Er wird zu dem, was die Griechen den Anthropos, den Aufwärtsstrebenden, den Menschen, nannten. Erst mit der Gemeinsamkeit beginnt für ihn ein höheres Leben, das sich losreissen kann vom Schmutze des Elends und von der niedrigen Gesinnung der Unterdrückten.»

Diese Worte Greulichs mögen antiquiert klingen. Ähnlich wie viele Bibeltexte, die für uns auch der Theologe ausdeutschen muss. Greulichs Reden sind keine Bibeltexte. Aber ein Apostel der Arbeiterbewegung war er. Dass der Arbeiter ohne Gewerkschaften im Schmutze des Elends lebte und ein dumpfes Dasein ohne Interessen führte, ist bekannt. Und was Greulich von der geistigen und sittlichen Hebung der Arbeiterschaft, was er von der Gemeinschaft, die den verödenden Individualismus überwindet (man könnte auch Egoismus sagen), auch was er in der gleichen Rede über Brüderlichkeit und Solidarität gesagt hat, hat seine Gültigkeit behalten.

Gewerkschaften sind Gemeinschaften. Solidarische. Auch der Staat muss eine solidarische Gemeinschaft sein. Die ersten Gewerkschafter galten noch als Staatsfeinde. Teilnehmer an Maiumzügen wurden registriert. Die Herrschenden über den damaligen Staat befürchteten von den Gewerkschaften Unruhe. Der Staat hatte fast nur die Aufgabe, für Ruhe und Ordnung zu sorgen. Besitzende und Satte fürchten immer Unruhe. Das ist auch heute noch so. Greulich hatte Recht. Mit der materiellen Hebung der Arbeiter wandelte sich auch ihre Einstellung zum

Staat. Die Lohnverdiener begriffen, dass dieser Staat nicht nur Rechte verteilen kann, also nicht nur ein juristischer Staat bleiben müsse. Die Arbeiter wollten nicht nur Rechte. Sie wollten Gerechtigkeit. Sie wollten einen sozialen Staat.

Und irgendeinmal – vielleicht war es nach dem Generalstreik – sahen auch jene ein, die den Staat nur als Ordnungsstaat verstanden haben, dass auch Ruhe und Ordnung eine soziale Frage ist. Sie sahen ein, dass man Ruhe und Ordnung nur durch soziale Gerechtigkeit erreichen kann.

Heute ist der Staat längst nicht mehr gewerkschaftsfeindlich. Die Gewerkschaften sind Mitträger, Partner und Berater des Staates geworden. Ein sozialer Rechtsstaat, von dem heute so oft die Rede ist, ist ohne freie Gewerkschaften nicht denkbar.

Zur Definition der Demokratie gehört die Existenz von freien und starken Gewerkschaften, die dem Arbeitnehmer seinen Anteil am wachsenden Volkseinkommen sichern. Ohne Gewerkschaften hätten wir eine Scheindemokratie, wie sie bestanden hat, bevor es Gewerkschaften gab. Ohne die Arbeit der Gewerkschaften hätte auch der Arbeitnehmer unseres Landes den Verlokkungen totalitärer Ideologien nicht so gut widerstanden.

Die Demokratie – Greulich wollte das sagen – braucht bewusste, sie braucht denkende Bürger. Bewusst ist aber nur, wer selbstbewusst ist. Es ist Aufgabe der Gemeinschaft, dem Menschen Angst zu nehmen, soweit eine Gemeinschaft dazu imstande ist. Demokratische Gewerkschaften und demokratische Staaten können solche Gemeinschaften sein. Ein verängstigter Bürger ist kein freier Bürger. Diktaturen arbeiten mit der Angst. Der demokratische Staat muss dem Menschen Angst zu nehmen suchen. Das Mittel ist die Sozialpolitik.

Den Gewerkschaften kann es nie gleichgültig sein, wie der Staat aussieht, in dem ihre Mitglieder leben. Die Gewerkschaften brauchen die Versammlungsfreiheit, das Recht zu demonstrieren und notfalls zu streiken. Sie brauchen als Ergänzung zu ihren Verträgen die Sozialversicherung, und manche gewerkschaftliche Errungenschaft ist gesetzlich zu sichern, damit sie nicht durch Rezession und andere Schwächezustände wieder weggefegt wird.

Und es kommt ein Weiteres hinzu, was nach staatlicher Regelung ruft. Der Unternehmer, der heute mit den Gewerkschaften in den Grossbetrieben verhandelt, ist nicht mehr der verantwortliche Besitzer, der seine eigene Haut zu Markte trägt. Er ist Beauftragter. Der Produktionsfaktor Kapital ist anonym geworden. «Société anonyme» lautet sinnvollerweise der französische Ausdruck für Aktiengesellschaften. Anonym wirkt immer gespensterhaft. Anonymem gegenüber ist man verunsichert. Vor anonymer Macht hat man Angst.

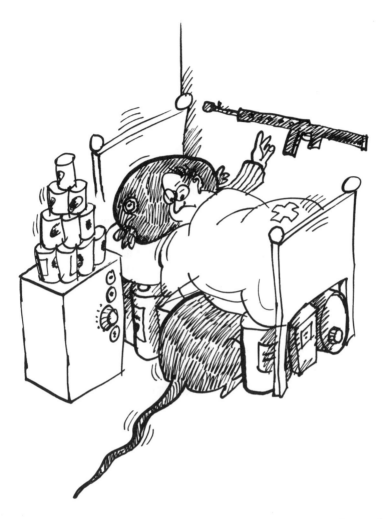

Besitzende und Satte fürchten immer Unruhe

Die schweizerischen Gewerkschaften träumen nicht von Verstaatlichungen. Aber das Denken an den Menschen muss über dem Profitdenken stehen. Die Forderung nach Mitbestimmung in der Wirtschaft ist keine Hintertür zu Verstaatlichungen. Mitbestimmung ist nötig, weil in einem sozialen, demokratischen Staat die Macht nur durch den Willen der Gesellschaft legitimiert werden kann. Macht, die nicht von der Mehrheit der Betroffenen getragen wird, ist illegale Macht.

Das schlimmste Recht im Staate ist das Vorrecht

Die Freiheit, die wir meinen, ist eine gemeinsame Freiheit. Eine gemeinsam garantierte, eine solidarisch getragene Freiheit.

Noch lange leben nicht alle Menschen auch in unserem Lande in einer menschlichen Welt. Doch der Wille, gemeinschaftlich weiter zu kämpfen, ist erlahmt. Die Zahl der Arbeitnehmer, die glauben, dass sie alles, was sie heute haben, ihrem beruflichen Können, ihrem Fleiss, ihrer Sparsamkeit und vielleicht auch dem Lieben Gott verdanken, ist

Schade

Ritschard ist «sauber», schaut zum Büetzer, setzt sich immer für ihn ein. Er ist einer, zu dem du gehen kannst. Und er spricht so, dass man zu ihm Vertrauen haben kann. Ich bin mit ihm sehr zufrieden. Es ist nur schade, dass er bald aufhören will. Wir haben keinen Mann mehr, der so zu uns schaut.

Hans-Jörg Zehnder, 35, Wegmeister

gross. Immer weniger wissen um die Kraft und um die Notwendigkeit von starken Gewerkschaften. Solidarität ist für viele – für zu viele – ein Fremdwort geworden.

Aber jeder, der glaubt, er hätte jetzt die Gewerkschaften und die Politik nicht mehr nötig, weil er Angestellter im Monatslohn geworden ist, sollte daran denken, wie vergänglich solche Errungenschaften sein können, wenn man sie nicht immer wieder neu erkämpft. Für mich bleibt ein Angestellter ein Arbeiter, auch wenn er meint, er sei keiner mehr. Das meinten schon früher die Stehkragenproletarier, die zwar oft schlechter dran waren als einfache Arbeiter. Die dafür aber eine Krawatte tragen durften.

Tüchtig und fleissig und sparsam waren die Arbeiter auch schon früher, als die ersten Gewerkschaften gegründet wurden. Aber das allein hat ihnen wenig geholfen. Sie haben erkennen müssen, dass nur die Solidarität untereinander, dass nur der gemeinsame Kampf sie dem näher bringen könnte, was sie erstrebten. Sie mussten auch einsehen, dass sie den Staat nicht einfach den anderen überlassen konnten. Sie mussten ler-

BRÜDER ZUR SONNE ZUR FREIHEIT

nen, dass in der Demokratie die Stimmen gezählt und nicht gewogen werden. Wenn sie die Gesellschaft ändern wollten, mussten sie an die Urnen gehen. Sie mussten kämpfen um den sozialen Ausbau des Staates, wenn sie eine soziale Demokratie wollten.

Und jene, die glauben, das sei jetzt alles fertig, weil sie selber zufrieden und satt sind, die werden entweder selber böse erwachen oder sie werden dann vom Himmel her zuschauen, wie ihre Kinder und Enkel wieder von vorne beginnen müssen. (Soweit ein Unorganisierter überhaupt in den Himmel kommen kann, was sehr fraglich ist.)

Die Demokratie ist eine soziale Idee. Sie ist auch das soziale Versprechen, dass dieser Staat immer für alle und besonders für die Schwachen da ist. Wer heute versucht, den Sozialstaat als unfreien Staat hinzustellen, der versteht unter Freiheit nichts anderes als Privilegien, also Vorrechte. Aber Privilegien sind nie eine Sache der Mehrheit. Privilegien haben immer nur wenige. Das schlimmste Recht im Staate ist das Vorrecht.

Wie oft hört man wieder den Begriff von der Bedarfsrente. Nur wer es nötig habe, solle auch soziale Leistungen vom Staat erhalten. Wir hatten das früher einmal. Die damalige «soziale» Leistung des Staates hiess «Armenunterstützung». Wer sie beanspruchte, war an vielen Orten ein mehr oder weniger Ausgestossener. Es gab viele Leute, die schämten sich, Armenunterstützung zu verlangen. Sie fühlten sich minderwertig und unfrei. Im besten Falle hatte man Mitleid mit ihnen. Aber Mitleid ist Senf ohne Wurst. Almosen sind eines Sozialstaates unwürdig. Es gibt in der Schweiz auch heute noch viele AHV-Bezüger, die sich schämen, Ergänzungsleistungen zu beziehen, obwohl sie darauf Anrecht hätten.

Wir wollen einen echten Sozialstaat. Rechtsansprüche auf die sozialen Renten. Es soll nicht zweierlei Alte und Invalide geben; solche, die Renten nötig haben, und solche, die es ohne Renten vermögen. Wir wollen unser Volk nicht in Versicherungsklassen aufteilen. Wir wollen eine Versicherung behalten, in die jeder zahlt und von der auch jeder klar auf seinen Teil Anspruch hat. Nur ein Sozialstaat, der für alle in gleicher Weise sorgt, verteilt auch die Freiheit gerecht unter seine Bürger. Wir brauchen den Staat, weil wir Freiheit für alle wollen.

Ich habe den Mut gefunden, in meiner eigenen Sprache zu reden

Die Gewerkschaftsbewegung braucht Wissende.
Unsicherheit entstammt immer dem Nicht-Wissen.

In das Zentrum unseres gewerkschaftlichen Ringens nach Gemeinschaft und auf der Suche nach dem «Wir-Gefühl» müssen wir ganz offensichtlich viel stärker auch die Bildungsfrage stellen. Ich bin auf weiten Stücken von der gewerkschaftlichen und politischen Bildungsarbeit geformt worden.

In den Bildungskursen und in der Arbeiterschule habe ich die ersten Einblicke in die wirtschaftlichen Zusammenhänge bekommen. Dieses Wissen war für meine Arbeit wichtig, und ich brauche es heute. Aber für mein Leben war nicht dieses Fachwissen allein entscheidend. Entscheidend war vielmehr, dass ich durch die Teilnahme an den gewerkschaftlichen Bildungskursen auch Selbstvertrauen gewinnen konnte.

Man sagt mir zwar immer wieder, und es ist auch schon mitleidig von diesem sogenannten «Arbeiterbundesrat» geschrieben worden, dass mein Deutsch nicht besonders geschliffen sei. Das ist sicher wahr. Wenn ich je einen Deutschlehrer gehabt hätte, würde er sich meinetwegen vermutlich selber eine schlechte Note austeilen. Ich habe trotz der gewerkschaftlichen Bildung vielleicht kein gutes Deutsch gelernt. Aber ich habe etwas anderes bekommen. Ich habe den Mut gefunden, in meiner eigenen Sprache zu reden. Ich habe Vertrauen zu mir selber gefunden. Bildung ist eben auch deshalb vor allem Macht, weil sie das Selbstvertrauen eines Menschen stärkt.

Ich sehe heute mit etwas Besorgnis, wie Gewerkschaftssektionen in ihrer Bildungsarbeit zu rechnen anfangen. Bildungsarbeit muss für sie rentieren. Die Zinsen müssen sich in der Gewinnung von möglichst viel Vertrauensleuten und Werbern ausmünzen. Der Begriff Bildung wird aber auf diese Weise zu eng ausgelegt. Bildung kann nie einfach Abrichtung sein. Für die Emanzipation und für die Stärkung des Selbstvertrauens ist nicht allein gewerkschaftliche Ausbildung, sondern auch allgemeine Bildung nötig.

Wir dürfen uns darin nicht an den durch ein bürgerliches Denken geprägten Schulen, an den üblichen Bildungsmöglichkeiten und Bildungswegen messen. Bildung ist heute nicht mehr etwas, das man mit seiner Jugend ein für allemal abgeschlossen hat.

Man kann Bildung nicht werten. Man kann nicht sagen: Das ist wichtig und das ist weniger wichtig. Jeder Mensch braucht irgendwo ein Wissensgebiet, in dem er sich heimisch und sicher fühlt.

Sicher stehen für einen Gewerkschafter das Wissen von den wirtschaftlichen Zusammenhängen und auch die politische Bildung im Vordergrund. Aber unsere Bildung darf sich nie einfach darauf beschränken.

Sie muss ein umfassenderes Bildungsangebot bieten. Mit der Bildung beginnt die Lebensqualität. Ich sehe und höre immer wieder, wie stark sich heute viele Menschen verunsichert fühlen. Der Unwissende fühlt sich seiner Umwelt ausgeliefert. Er wird letztlich an seinem Nicht-Wissen und an seiner Verunsicherung zerbrechen.

Ich habe den Mut gefunden, meine eigene Sprache zu reden

Wir brauchen die Suche nach neuen Ufern

Ich halte eine engagierte politische Auseinandersetzung innerhalb unserer Partei, der SP, für etwas Notwendiges. Generationskonflikte und Flügelkämpfe sind nichts Negatives. Sie gehören zu unserer Bewegung.

Die SP war nie ein gesitteter Klub von Honoratioren. Wir sind – wie es Robert Grimm einmal treffend gesagt hat – keine revolutionäre Partei, aber eine Partei, in der es revolutionäre Ideen geben muss. Wir glauben daran, dass mit dem Mittel des demokratischen, politischen Kampfes in unserer Gesellschaft Veränderungen durchgesetzt werden müssen.

Ob wir nun als Pragmatiker nur kleine Schritte sehen oder ob wir andere mit Utopien mitreissen wollen: Der gemeinsame Wille muss am Anfang und am Ende aller Diskussion stehen. Bei uns muss jeder Platz finden, der sich zu unseren Zielen bekennt. Und das gemeinsame Ziel muss alles überbrücken.

Wir reden uns als Genosse an und sagen uns in unserer Partei seit jeher du. Diese Brüder- und Schwesternschaft darf doch nicht einfach nur äusserlicher Schein sein.

Was wir brauchen, um die gesellschaftlichen Verhältnisse politisch zu verändern, sind Mehrheiten und breit abgestützte Kompromisse.

Ohne sie ist ein System mit direkter Demokratie fast nur zu Nullentscheiden fähig. Deshalb nehmen wir in der Schweiz meistens grosse Anläufe, aber wir machen dann doch nur kurze Sprünge. Und wir müssen meist schon zufrieden sein, wenn diese Sprünge wenigstens nicht auch noch in die falsche Richtung gehen. Es ist sicher ein Glück, dass es unter uns Sozialdemokraten echte und leidenschaftliche Politiker gibt, die sich mit Haut und Haar der Politik verschrieben haben. Aber Politik allein ist nicht das Leben. Wer den Menschen mit aller Gewalt total verpolitisieren will, der entpolitisiert ihn letztlich. Bei zementierten Grundsätzen besteht immer erhöhte Rissgefahr. Ich glaube an den Sozialismus, und ich glaube an die Möglichkeiten der Demokratie. Ich glaube auch daran, dass die Demokratie dauernd verbesserungsfähig ist. Ich bin überzeugt, dass die Demokratie eine starke Sozialdemokratie nötig hat.

Wir leben in einem sehr bürgerlichen Land. Unsere sozialdemokratische Arbeit hier ist hart. Aber eines müs-

UNSERE
APPAREIL
NONS

sen unsere Mitbürger aller politischen Färbungen wissen: Wir Sozialdemokraten werden daran nicht verzweifeln, und wir wollen hier unsere Arbeit im Dienste der unteren Schichten unseres Volkes fortsetzen, unter was für Bedingungen auch immer.
Es gibt nicht nur eine bürgerliche, sondern auch eine gefährliche sozialistische Nostalgie. Für sie ist der Arbeiter immer noch ein Verzweifelter und Hungernder mit einer Schirmmütze. Ich habe Verständnis dafür, dass vor allem junge Genossen ab und zu Sehnsucht nach echtem Klassenkampf verspüren. Sie träumen von grossen Kundgebungen voll roter Fahnen, und vor allem fehlt ihnen auch ein junger, kräftiger, polternder Robert Grimm. Aber vergessen wir nicht, dass auch kämpferische Arbeit nur an ihrem Erfolg gemessen wird. Es ist schwärmerisches Wunschdenken, wenn jemand glaubt, Krisen stellten das kapitalistische Wirtschaftssystem von selber in Frage und sie würden zu seiner Überwindung beitragen. Wenn wir als Sozialisten schon sagen, dass es uns um den Menschen geht, dann müssen wir dafür sorgen, dass er auch in einem Wirtschaftssystem leben und überleben kann, das wir ändern wollen. Es darf dabei keine Rolle spielen, dass wir vielleicht mit unseren gewerkschaftlichen und politischen Bemühungen dem kapitalistischen System ein Alibi liefern und dass wir damit möglicherweise mithelfen, dieses System zu erhalten. Die Geschichte sollte uns längst gelehrt haben, dass Notsituationen immer den Sozialismus und unsere Bewegung zurückgeschlagen haben.

Aber ich betone: Wir brauchen die Suche nach neuen Ufern. Wir haben jedem zu danken, der sich ernsthaft an dieser Suche beteiligt und dafür seine Zeit opfert. Wir müssen lernen, dem anderen zuzuhören. Heute wird in unserer Partei und auch in vielen Gewerkschaftssektionen gelegentlich ein Dialog unter Taubstummen geführt. Wir müssen lernen, einfach zu sprechen. Kompliziertheit des Denkens war noch nie der Ausdruck

„Der Luxus einer eigenen Meinung kostet manchem die Karriere"

seiner Qualität. Unsere Wähler erwarten von uns, dass wir sie dort abholen, wo sie mit ihren Ängsten und Hoffnungen stehen. Und sie werden unsere Glaubwürdigkeit danach beurteilen und honorieren, ob wir uns als fähig erweisen, die gesellschaftlichen Realitäten schrittweise in Richtung unserer Ziele zu verändern.

Die grosse Freiheit setzt sich aus vielen kleinen Freiheiten zusammen. Wir Sozialdemokraten betrachten es als unsere Aufgabe, mit dafür zu sorgen, dass das Höchste, was der Mensch durch sich selber haben kann, das Selbstbewusstsein seines Wesens, nicht erlöscht und nicht untergeht.

Kinder schreiben Willi Ritschard

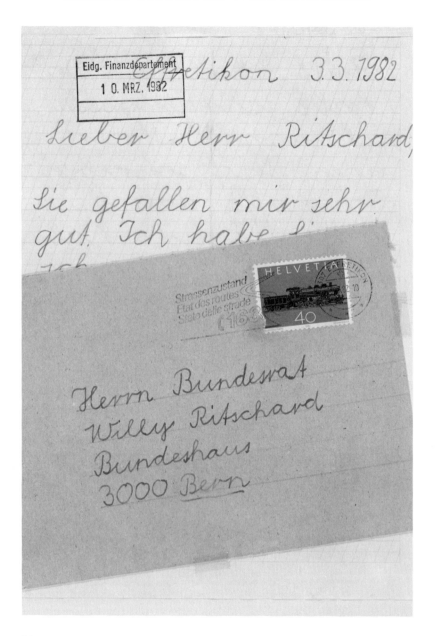

Sehr geehrter Herr Bundesrat
Ich weiss, Sie haben sehr viel zu tun.
Ich hoffe, Sie haben trotzdem Zeit,
meinen Brief zu lesen. Wir haben in
der 2. Realklasse in der letzten Zeit so
viel Staatskunde gehabt, dass ich bald
genug habe. Das einzige, was mich
heute noch interessiert, das sind die
Bundesfinanzen. Wir haben in der Schule oft die Zeitung gelesen. Sie haben sicher Freude, dass die Bundesfinanzordnung angenommen wurde. Mein Vater hat auch Ja gestimmt. Sie werden aber trotzdem Mühe haben, die Schulden abzubauen. In der Schule haben wir diskutiert, wie man noch Geld machen könnte. Da meinte der Lehrer, meine Idee sei nicht schlecht, ich sollte sie Ihnen mitteilen.

Meine Idee: Die Schweiz sollte unbedingt Autobahngebühren einziehen, vor allem aber Tunnelgebühren. Jetzt sollte man auch nicht mehr Strassen bauen. Die Italiener verlangen auch Autobahngebühren. Ich hoffe, die Nationalräte sehen das ein. Das Volk wäre sicher auch dafür.
Ich möchte Ihnen noch einen Erfrischungsdrink aus unserem Dorf mitschicken. In einer Pause können Sie vielleicht den Durst löschen. Ich hoffe, dass die Schweiz bald nicht mehr so viele Schulden hat. Vielleicht können wir auf einer Schulreise nach Bern ins Bundeshaus fahren. E. A.
Beilage: 1 Flasche Valser Wasser, 1 selbstgemachte Kerze

***

Sehr geehrter Herr Bundesrat
Vor kurzem stand in der «Zuger Zeitung», dass Sie bei der Parteiversammlung der SP des Kt. Zug ein Referat halten werden. Ich bin dann mit meinem Freund, der wie ich rechts steht, nach Zug gefahren und wir setz-

ten uns in den Saal. Ihr Referat hat mir sehr gefallen, es war wirklich gut. Was uns an diesem Abend sehr schockierte, war die Begrüssungsart der Sozialdemokraten: «Genossen und Genossinnen.» Finden Sie nicht, dass dies mit dem Ost-Kommunismus zu tun hat? Ich, Herr Bundesrat, warte gespannt auf Ihre Antwort. D. Z.

Lieber D.
Du schreibst mir etwas, was ich sehr oft höre. Seit der Gründung der Sozialdemokratischen Partei hat man sich hier als Genosse angesprochen. Warum weiss ich auch nicht. Aber in

der Eidgenossenschaft *müsste das eigentlich nicht schockieren. Dadurch, dass auch die Kommunisten diese Anrede übernommen haben, ist sie natürlich diskriminiert worden. Es gibt deshalb eine ganze Reihe von Kantonalparteien, in denen man den Begriff «Kollege» braucht. Vielleicht wird man das einmal für die ganze Schweiz so handhaben.* W. R.

***

[Stempel: Eidg. Finanzdepartement – 3. DEZ. 1982]

Pfungen, den 1. Dez. 1982

Hi, Willihelm!

Hoffentlich geht's so Dir guth!?! UNS geht es guth. Wir sind zwei Gymnistreber aus W'thur (ZH) (CH). Wir gratulieren Dir, dass Dre das Defizit unter die Mia.-Grenze gedrückt hast. Wir finden Dich guth, weil Du so folksnah bist. Johnny findet Dich auch guth, weil Du einen waschechten Sozio-Tüpner bisst. Gigi findet Dich guth, weil Du bei der SP bisst. Du, Willy, bisst Du auch ein Oltern-Fän??? (gillt nur für Johnny!) Gigi ist als Bündner nämlich HCD Fän! Frag' mal den Schlumpf, ob er auch HCD-Fän isst. Wenn er aber Arosa Fän isst, so kannst Du ihm sagen, er habe eine fürchterliche GESCHMACKSVERSTAUCHUNG!
Wenn Du den Brief nicht lesen kannst, so sag es uns. Wir schicken ihn Dir dann maschinengeschrieben. Sag Deinen Bundesratskollegen einen Gruss von uns und sorry, dass wir Dich duzen, aber man kann dan viel besser schreibenin!

♥ — liche Grüsse

J. F. Bitzol (Johnny) (14 Jahre) ♥ & ♥ (unser Firmensignet) M. Giger Giger (Gigi) (14 Jahre)

Windeggstrasse 8 Wellenbergstr. 21
8422 Pfungen (ZH) 8422 Pfungen (ZH)

P.S. Unser Dorf kennst Du ja bereits, von der Ziegel-Ei bis zum Frauen-Chor!

Liebe Schüler
Euren originellen Brief habe ich erhalten und mit Ach und Krach auch lesen können. Macht Ihr eigentlich immer so viele Schreibfehler? Wenn Ihr in Orthographie nicht besser werdet, kann ich nicht Euer «Fan» werden. Aber immerhin, Ihr habt geschrieben, und darum bekommt Ihr auch eine Antwort. W. R.

Lieber Willi
vorerst einmal vielen herzlichen Dank für Deinen netten Brief. Um es gleich vorwegzunehmen, natürlich machen wir sonst nicht so viele Schreibfehler. Die Frage, ob Du Olten-Fan seist, bezieht sich auf den Eishockey-Club Olten. HCD heisst Hockey-Club Davos. Wir wissen natürlich nicht, ob Du Dich für Eishockey interessierst, aber wenn ja, kennst Du diese Vereine sicher.
Wahrscheinlich hast Du Dich über unser «Firmensignet» gewundert. Damit hat es Folgendes auf sich: Wir dichten gerne und möchten den Weltrekord schlagen und das längste Gedicht aller Zeiten schreiben. Wir dichten schon etwa drei Jahre, sind aber erst auf Seite 39. Die beiden Herzen sind das Signet unseres «Verlages».
Die Art unseres letzten Briefes (vierfarbig, viele Fehler, handgeschrieben) gehört eben zu unseren Originalbriefen, von denen wir schon schlimmere verschickt haben, besonders, was die Orthographie betrifft.
Johnny und Gigi

***

Lieber Willi Ritschard
Ich möchte Ihnen ein paar Fragen stellen. Wie sieht die Lage in diesem Jahr aus? Was machen Sie, wenn Sie Ihr Amt aufgeben müssen und in den Ruhestand treten? Wen möchten Sie als Nachfolger am liebsten? N. Z.

Lieber N.
Ich danke Dir für Deinen Brief. Leider kann ich ihn nicht ganz zu Deiner Zufriedenheit beantworten:
1. Schlecht ist die Lage unseres Landes auch dieses Jahr nicht. Allerdings haben wir Arbeitslose, und es kommen wahrscheinlich weitere hinzu. Schliesslich muss der Bund zuviel ausgeben, und darum hat er wenig Geld. Wir sollten aber nicht klagen. Im Vergleich zu vielen anderen Ländern sind wir sehr gut dran.
2. Wenn ich pensioniert bin, werde ich meinen Garten pflegen, Rosen züchten, wandern, reisen und faulenzen. Zudem habe ich noch drei Enkel, mit denen ich immer zu tun habe.
3. Ich habe keinen Einfluss auf die Wahl meines Nachfolgers. Er wird durch meine Fraktion vorgeschlagen und nachher durch die Bundesversammlung gewählt. Ich habe da nichts zu sagen. W. R.

***

Bürger schreiben Willi Ritschard

Sehr geehrter Herr Bundesrat
zuerst «belästigen» Sie einige meiner Schüler; jetzt gelange ich auch noch mit zwei Bitten an Sie.

Sie haben sich – es mag vor gut zwei Jahren gewesen sein – zur politischen Tätigkeit von Lehrern/innen geäussert. Sinngemäss haben Sie gesagt, dass jeder, der im Lehrberuf tätig sei, sich politisch verhalte, auch dann, wenn er keine Politik betreibe. Dürfte ich Sie bitten, mir eine Kopie dieser Rede oder dieses Ausspruchs zukommen zu lassen?

Nun zur zweiten Bitte: Von einem Kollegen habe ich erfahren, dass Sie sich bereit erklärt haben, seine Klasse bei Ihnen in Bern einmal zu empfangen. Da dieser Kollege diese Klasse nicht mehr führt, möchte ich Sie höflich anfragen, ob wir in die Lücke springen könnten? Ich denke dabei an ein kurzes Frage- und Antwortspiel von rund 30 Minuten Dauer. Wir besuchen nämlich im kommenden Frühling die Bundeshauptstadt (Schokoladefabrik Tobler) und hätten noch Kapazitäten frei.   P. K.

Sehr geehrter Herr K.
Sie und Ihre Klasse werden langsam zum «Vollamt» für mich. Ich sende Ihnen einen Vortrag, den ich vor dem Solothurnischen Lehrerverein gehalten habe. Vielleicht ist es das, was Sie suchen.

Wenn Sie nächsten Frühling nach Bern kommen, so telefonieren Sie mir vorher. Ich kann dann sehen, ob ich auch noch «Kapazitäten» frei habe wie Sie.   W. R.

***

Sehr geehrter Herr Bundesrat!
Leider gelingt es Ihnen trotz allem Einsatz nicht, unsere Finanzen wieder

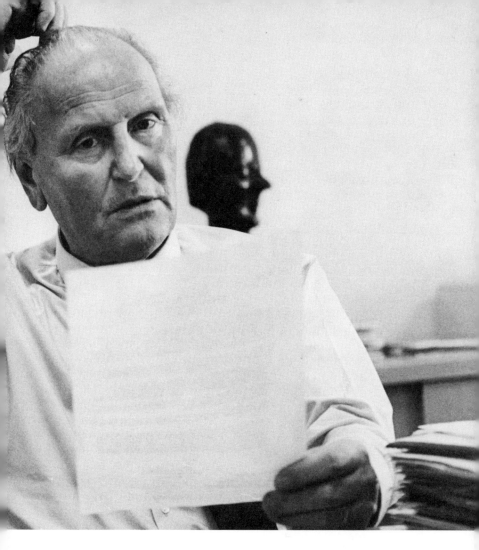

ins Gleichgewicht zu bringen. So ergeht es ja leider auch einem Familienoberhaupt, wenn die Ansprüche ins Masslose steigen, ohne dass die Einkünfte vermehrt werden können. Bei Uneinigkeit gibt es da leider nur eine Radikalkur: Da müssen die Ansprüche auf der ganzen Linie prozentual gekürzt werden, bis das Haushaltbudget wieder im Gleichgewicht ist. Nebenbei noch eine kleine Anregung: Es gibt heute Tausende von Luxuspferden. Es wäre nichts als gerecht, wenn die Besitzer auch eine Steuer bezahlen müssten. Zuletzt noch eine kleine Bitte: Falls Sie mich einer Antwort für würdig befinden, bitte mit neutralem Couvert, ich möchte in unserem Dörfli nicht ins Gerede kommen.

Sehr geehrte Frau
Die Luxussteuer ist nach allen Seiten studiert worden. Aber sie würde wahrscheinlich mehr Verwaltungsaufwand verursachen, als sie einbringen würde. Gewiss gibt es Luxuspferde, aber selbst wenn pro Pferd 1000 Franken Steuer erhoben würde, kämen kaum mehr als eine Million Franken zusammen. Dabei müsste man noch alles kontrollieren. Was ist heute noch Luxus ausser Pferden? Ich glaube, die Frage ist schwierig zu beantworten.
W. R.

***

Sehr geehrter Herr Bundesrat
Ich möchte Ihnen gerne einen Vorschlag unterbreiten, womit meines Erachtens weitere 400 bis 500 Millionen eingespart werden könnten. Wenn meine Idee Ihr Interesse erwecken sollte, bitte ich Sie, sehr geehrter Herr Bundesrat, sich mit mir in Verbindung zu setzen. Um was es sich dabei handelt, möchte ich hier noch nicht bekanntgeben, da ich vorerst wissen möchte, was ein guter Rat der Eidgenossenschaft wert ist.
F. F.

Sehr geehrter Herr F.
Natürlich bin ich für jeden Vorschlag dankbar. Wenn Sie aber erwarten, dass ich Sie dafür honorieren kann, muss ich Sie leider enttäuschen. Sie sind Bürger und Steuerzahler und sollten eigentlich Ihrem Land einen Dienst, der Sie nichts kostet, auch entschädigungslos leisten.
W. R.

***

Lieber Herr Ritschard
Ich habe Ihnen schon geschrieben, die Zwerchfell-Atmungstechnik sei kinderleicht – und es ist auch so. Probieren sie es doch selbst, zusammen mit Ihrer Frau Gemahlin.
Legen Sie sich unbekleidet mit dem Rücken flach auf den Boden. Holen Sie tief Atem und befördern Sie diesen zuerst in den Bauch, womit dieser sich aufbläht. Alsdann ziehen Sie den Atem bis zu den Schultern (Lungenspitzen) hinauf – und pusten Sie den verbrauchten Rest der Luft kräftig aus. Wiederholen Sie diese Übung für den Anfang etwa 12mal.
H. S.

Lieber Herr S.
Ich danke Ihnen sehr herzlich für Ihren liebenswürdigen Brief und vor allem auch für Ihren wertvollen Ratschlag. Ich sollte wirklich einmal einen Kurs zum Atmen besuchen und habe ihn auch auf dem Programm, sobald mir mein Amt etwas mehr Zeit lässt.
W. R.

***

Sehr geehrter Herr Bundesrat
Ich habe Ihr Interview im Fernsehen gesehen und gehört. Meine Vorschläge, Geld zu sparen, wären: 1. Wie wäre es, wenn die Bundesräte ein wenig sparsamer wären und weniger Geld für ihr Amt nehmen würden, da sie ja auch noch andere Einnahmen haben? 2. Die Ständeräte, die selten in der Sitzung sind, sollten kein Geld erhalten. 3. Die Bundesangestellten, die den ganzen Tag Zeitung lesen, da

nicht alle für den ganzen Tag Arbeit haben, sollten entlassen werden.
M. W.

Sehr geehrte Frau W.
Sie sollten auch folgendes bedenken: Gewiss hat ein Bundesrat ein grosses Salär. Aber er bezahlt davon nicht nur weit mehr als einen Drittel Steuern.

Bei mir kommen noch etwa 20 000 Franken dazu, die ich der Partei abliefern muss. Zudem vergeht kein Tag, an dem nicht irgendeine Sammlung oder sonst etwas Ähnliches stattfindet. Aber trotzdem, ich kann leben, und man tut ja nie genug Gutes.
W. R.

Hochgeachteter Herr Bundesrat
... Und nun eine rein persönliche, zoologische Frage: Sofern Sie Ihren Rauhhaar-Dackel, den Sie vor Jahren hier von meinem Freund O. S. kauften, noch haben, sind wir auf Hunde-Ebene verwandt. Ich habe seit drei Jahren dessen Schwester Diana und sage immer wieder mit Stolz, dass ich durch den Hund von Herrn Bundesrat eine hohe Verwandtschaft habe. Ich besass vorher drei Luzerner Niederlauf-Hunde, und alljährlich starb einer an irgend einem Leiden. Dann wechselte ich die Rasse und wage jetzt sogar gelegentlich den witzigen Ausdruck: Hoffentlich habe ich mit dem mehr Glück als unser Finanzminister mit den Bundesfinanzen.
H. S.

Sehr geehrter Herr S.
... Wegen dem Rauhhaar-Dackel muss es sich um einen Irrtum handeln. Der unsere hat gerade Haare und ist bei guter Gesundheit. Er begleitet mich jeden Sonntag auf einer Jura-Wanderung.
W. R.

Sehr geehrter Herr Bundesrat
Wie ich schon aus verschiedenen Zeitungen entnehmen konnte, leiden Sie sehr viel unter Rückenschmerzen. Als Willi-Ritschard-Fan möchte ich es nicht unterlassen, Ihnen das einmalige «Rückenwunder» zuzustellen. Sie sollen das gratis und ohne jede Verpflichtung erhalten, um Ihre Schmerzen zu lindern oder sogar ganz zu heilen. Denn wir brauchen Sie noch viele Jahre als Bundesrat, darum ist mir heute diese Idee gekommen. R. E.

Sehr geehrter Herr E.
Gerne will ich Ihren Ratschlag beherzigen, aber im allgemeinen habe ich wirklich noch nicht so Rückenweh, dass ich etwas Besonderes dagegen unternehmen müsste. W. R.

***

Sehr geehrter Herr Bundesrat Ritschard
Da in letzter Zeit immer über das Lädelisterben die Rede war, hätte ich folgende Bitte an Sie. Wir führen hier die Chäsi und probieren von Zeit zu Zeit durch Spiele und Wettbewerbe unsere Kunden dazu zu animieren, im kleinen Lädeli einzukaufen. Da der nächste Wettbewerb vor der Türe steht, brauchen wir eine beliebte, bekannte und populäre Persönlichkeit, die alle kennen. Nun möchte ich Sie höflich anfragen, ob es Ihnen möglich wäre, an einem Samstag im Dezember für eine Stunde in unsere Chäsi zu kommen. Unsere Wettbewerbsfrage würde lauten: «Wer schneidet den Käse ab?» E. H.

Sehr geehrte Frau H.
Ich bin wirklich auch sehr für die Erhaltung unserer kleinen Läden und unterstütze alles, was hier helfen kann. Aber ich glaube, ich darf deshalb nicht in einzelnen Geschäften Propaganda machen. Das würde vermutlich sehr kritisiert. Vor allem würde man das auch an anderen Orten tun wollen. Und zudem würden dann auch meine Kollegen auf die gleiche Weise verpflichtet. W. R.

***

Sehr geehrter, lieber Herr Bundesrat
Wissen Sie, die Idee, die kürzlich ein Staatsbürger veröffentlicht hat, nämlich, dass jeder Schweizer mit einer Spende von nur 10 Franken mithelfen könnte, unser Bundesdefizit zum Verschwinden zu bringen, hatten wir schon lange. Er hat's ausgesprochen und wir machen jetzt mit Spenden den Anfang. Das Beispiel reisst vielleicht mit! Schön wär's! Glauben Sie noch an Wunder? A. und P. E.

Liebe Herr und Frau E.
... Ich möchte Sie um alles in der Welt nicht beleidigen und weiss Ihre Spende sehr zu schätzen. Leider hat Ihre Art der Opferbereitschaft wenig Beispiele. Deshalb empfinde ich es als unrecht, dass ausgerechnet Sie ein Opfer bringen, während viele andere alles ablehnen. Ich sende Ihnen die zwei Nötli wieder zurück. Es soll so sein, als ob Sie sie mir gegeben hätten. W. R.

***

Andere über Willi Ritschard

Vorbildlich

Wer das Glück hat, unseren wohl populärsten Bundesrat aus der Nähe zu kennen, weiss ihn vor allem auch als Freund zu schätzen. In seiner Umgebung ist immer Platz für andere.

Selbst wenn er alle überragt, hat man nie den Eindruck, von ihm dominiert zu werden. Seine einfache Art, mit den Menschen zu reden und auf ihre Probleme einzugehen, erleichtert einem den Zugang zu ihm. Und wer gar von ihm mit «Sürmel» begrüsst wird, ist seiner besonderen Zuneigung sicher. Wie für viele ist für mich Willi Ritschard mit seinem Engagement für soziale Gerechtigkeit ein Vorbild, von dem ich in meiner gewerkschaftlichen und politischen Tätigkeit immer wieder neue Impulse erfahre.

Fritz Reimann,
Präsident des Schweizerischen
Gewerkschaftsbundes

Einflussreich

In jeder Regierung ist die Stellung des Finanzministers einflussreich, schwierig und undankbar. Für den Finanzminister der Schweiz treffen alle drei Punkte zu, im Guten und im Schwierigen. Wenn zum Gewicht des Amtes noch dasjenige einer ausserordentlichen Persönlichkeit kommt, erhält das Bild zusätzliche Qualitäten. Aus beidem zusammen mag sich erklären, weshalb Bundesrat Willi Ritschard heute in unserem Lande einen ganz einzigartigen Ruf geniesst.

Meine Wünsche zum 65. Geburtstag von Bundesrat Willi Ritschard sind die allerbesten; ehrlich und ohne Vorbehalt. Sie gelten einem Mann, dessen parteipolitisches Heu zwar

auf einer anderen Bühne lagert, dessen selbstloses und gutes Engagement für unseren Staat aber meine höchste Anerkennung findet.

Alfred E. Sarasin,
Präsident der Schweizerischen
Bankiervereinigung

Kernig

Bundesrat Willi Ritschard hat sich im Schweizervolk eine grosse persönliche Beliebtheit erworben. Das ist kein Zufall. Er ist Symbol der offenen Gesellschaft unseres Landes, die jedermann ohne Schranken der

Herkunft oder Klasse Zutritt zu den höchsten Stellen ermöglicht, sofern Fähigkeiten, Charakter und ein wenig Glück zusammentreffen. Bundesrat Willi Ritschard hat darüber hinaus gezeigt, dass auch in der Staatsführung Humor und kernige Worte ihren Platz haben und den Dialog zwischen Bürger und Regierung erleichtern. Das Wirken von Bundesrat Willi Ritschard reicht weit über seine Regierungstätigkeit hinaus. Auch wenn einzelnen der von ihm als Departementschef vertretenen Sachvorlagen Schwierigkeiten erwuchsen. Seine Persönlichkeit ist es, die über alle Schranken hinweg Achtung und Anerkennung erfährt.

Heinz Allenspach, Direktor
des Zentralverbandes schweizerischer
Arbeitgeber-Organisationen

Sympathisch

Bundesrat Willi Ritschard ist ein Vollblutpolitiker von altem Schrot und Korn. Er redet eine populäre, plastische und humorvolle Sprache. Nicht zuletzt seiner Herzlichkeit und Volksnähe wegen geniesst der Finanzminister auch im Gewerbe sehr viel Sympathie. Sein Verständnis für die Sorgen und Anliegen der gewerblichen Unternehmer ist so gross, dass schon mancher Gewerbler im Anschluss an ein Referat des Magistraten in der Delegiertenversammlung seines Berufsverbandes meinte, Bundesrat Willi Ritschard sei eigentlich in der falschen Partei. Nun, dem

ist trotz seines gewerblichen Lehrberufes zweifellos nicht so: Sein Herz schlägt für den Arbeitnehmer! Um so interessanter ist das Spannungsfeld, dem der soziale Politiker als Vorsteher des Finanzdepartementes ausgesetzt ist. Wenn seine Parteizugehörigkeit und Popularität zur Sanierung der Bundesfinanzen beitragen, dann wird Willi Ritschard nicht nur als sympathischer, sondern auch als grosser Bundesrat in die Geschichte eingehen.

Markus Kamber, Direktor des Schweizerischen Gewerbeverbandes

Handfest

Für Willi Ritschard hat Politik stets handfest zu sein; sie muss greifbar und begreifbar zugleich sein. Je theorievoller ihm die Politik entgegenkommt, um so skeptischer steht er ihr gegenüber. Der Weg zum politisch Wünschbaren führt bei ihm immer über das Machbare. Weil für Willi Ritschard das Wünschbare

aber mehr als nur abstraktes Ziel, nämlich auch persönliches Engagement – beispielsweise soziale Verpflichtung, Gerechtigkeitssinn und Achtung der Menschenwürde – bedeutet, ist seine Enttäuschung entsprechend gross, wenn er bereits am vermeintlich Machbaren scheitert. Doch bei Willi Ritschard – populärer Bundesrat geworden, aber pflichterfüllter Gewerkschafter geblieben – vermochten Niederlagen das Ziel nicht zu ändern; sie wurden jeweils nur Anlass für einen neuen Start.

Walter Renschler, Geschäftsführender Sekretär des Verbandes des Personals öffentlicher Dienste

Ehrlich

Wenn man im Bundeshaus einer grossgewachsenen, leicht nach vorne gebückten Gestalt begegnet – als ob sie leidet –, ist es bestimmt der Finanzminister unseres Landes, den die Schuldenlast der Nation bedrückt. Es ist ein Merkmal von Bundesrat Willi Ritschard, dass er sich mit einer Aufgabe, die er übernommen hat, voll und ganz identifiziert. Diese Identifikation und sein grosses Engagement für die Lösung der ihm übertragenen Probleme sind es, die ihn – zusammen mit seinen humorvollen Sprüchen, in denen oft viel Sinn und Ernst steckt – so populär machen und auch den Parlamentariern Respekt und Achtung ein-

flössen. Persönlich habe ich Bundesrat Willi Ritschard als einen offenen und ehrlichen Politiker kennengelernt, der aus seiner Sicht das Beste für unser Land und Volk will.

*Fritz Hofmann, Präsident
der Schweizerischen Volkspartei*

Ungewöhnlich

Willi Ritschard ist ein ungewöhnlicher Magistrat, mit all seinen Stärken und Schwächen, wie alle Menschen. Er sorgt ab und zu für Un-

ruhe, meist «heilsame», mitunter auch andere. Was an Willi Ritschard imponiert, ist sein Wissen, das er als Autodidakt hart erarbeitet hat. Weil er's offenbar begriffen hat, kann er komplizierte Vorgänge einfach erklären, so dass es selbst Intellektuelle verstehen...
Sein Drang nach Kontakt und seine Fähigkeit, solchen zu Menschen aller Schichten zu finden, tragen viel zu seiner Popularität bei. Diese scheint er in vollen Zügen zu geniessen. Das aber hindert ihn nicht, Unpopuläres zu sagen. Er duelliert sich nicht nur mit seinen politischen Gegnern, sondern ab und zu auch mit den Genossen aus seiner eigenen Partei, die ihm nicht immer nur Freude bereiten. Er steht fest zu seinem politischen Credo des Gewerkschafters und Sozialdemokraten alter Schule. Dass vieles gut, aber nicht alles perfekt ist an ihm, manches «chlobig» wirkt, nichts gekünstelt ist, macht ihn so sympathisch, so menschlich. Er ist wohl nicht nur für seine Partei das «beste Pferd im Stall»; er darf sich auch der Unterstützung aus dem bürgerlichen Lager erfreuen. Das FDP-Mitglied Willi Ritschard kann ich mir eigentlich nicht vorstellen; manchmal aber doch...

*Yann Richter, Präsident der
Freisinnig-demokratischen Partei
der Schweiz*

Einprägsam

Willi Ritschard lebt seine Gemütslage vor: optimistisch, pessimistisch, verärgert, er sagt und zeigt, was er denkt und fühlt.
Humor ist sein bestes Schwert. Der erste Witz, den ich von Willi Ritschard hörte, scheint mir einiges über seine Politik zu vermitteln. Sagte er doch vor japanischen Konstrukteuren bei der Einweihung der Satellitenstation Leuk, die er als frischgebackener Verkehrsminister eröffnete: «Was nützt der Tiger im Tank, wenn ein Esel am Steuer sitzt.»

Und siehe, dieser Spruch wurde sogar ins Japanische übersetzt! Einen Text «ritschardisieren» heisst für mich im Zeitalter der Soziologensprache, die Gedanken ohne Fremdwörter in eine bildhafte Sprache kleiden. Willi Ritschards einprägsamer Ausdruck, sei es nun in der Kapuzinerpredigt gegen das Schuldenmachen oder im sorgenvollen Aufruf zur sozialen Partnerschaft: ich glaube, er entspringt seiner tiefen Sorge um unsere Demokratie.
Willi Ritschard lebt politische Freundschaft und wertet sie auf.

*Hans Wyer, Präsident
der Christlichdemokratischen
Volkspartei der Schweiz*

Neugierig

Die SP Graubünden feierte das 75-jährige Bestehen, Willi Ritschard war Festredner. Da er am gleichen Abend wiederum zurückfahren wollte, reiste er im Dienstwagen nach Chur. Meine Frau und ich stiegen in Olten dazu. Unterwegs zeigte sich Willi auffallend neugierig. Er stellte zu allen möglichen Themen noch und noch Fragen, wollte wissen, was der Chauffeur, meine Frau oder ich dazu meinten. Zwischenhinein machte er Notizen. Dann folgte die Festrede. Jetzt ging uns ein Licht auf: im Auto hatte Willi Ritschard mit uns seine Rede durchgearbeitet. Die

ganze Fragerei, aus der wir ehrlich gesagt nicht recht drauskamen, bildeten den letzten Test und Schliff für sein Manuskript. Ritschards Reden sind nicht von ungefähr volkstümlich und von tiefem Gehalt – er redet halt mit dem Volk, er kennt seine Sorgen und Nöte, er weiss, wovon er spricht. Seine Formulierungen sind eben keine «Sprüche», sondern gründlich erarbeitete Standpunkte mit einem aussergewöhnlichen Engagement.

*Helmut Hubacher,
Präsident der Sozialdemokratischen
Partei der Schweiz*

Aus der Sicht eines Solothurners

Kluger Umgang mit widerspenstigen Kräften

Leo Schürmann

Willi Ritschard besitzt zwei Bürgerrechte: eines von Oberhofen am Thunersee, das andere von Luterbach im solothurnischen Wasseramt. Er hat den Grossteil seines Lebens hier verbracht und ist ein Politiker von unverkennbar solothurnischer Prägung. Was heisst das? Im Kanton Solothurn ist der «cursus honorum» noch fest verankert. Der Weg in die Politik führt von der Gemeinde über den Kanton zum Bund. In aller Regel verdient man sich die Sporen in einer kommunalen Behörde ab, versucht dann – nach passender Zeit – im kantonalen Parlament Fuss zu fassen und findet später, wenn es hoch kommt, Zugang zu einem eidgenössischen parlamentarischen Mandat oder, wie im Falle Willi Ritschards, sogar in die Landesregierung.

Leo Schürmann, Prof. Dr., Generaldirektor der Schweizerischen Radio- und Fernsehgesellschaft.

Die politische Funktion geniesst hohe Wertschätzung; Magistratspersonen finden Vertrauen und Respekt. Das ist, scheint mir, auf den zuverlässigen Rückhalt im Volke zurückzuführen. Die wirtschaftlichen Verbände sind zwar wichtig und auch durchaus in der Lage, eine politische Laufbahn zu befördern; ohne die Verankerung im Volke lassen sich Wahlen jedoch kaum gewinnen. Wohl verfügen die politischen Parteien, wie überall, über das Privileg, Kandidaten zu präsentieren, und man ist zunächst einmal Parteimann. Doch sind Zusatzstimmen von andern Parteien durchaus erwünscht, zählen sie doch bei der Mandatzahl mit. Allerdings ist es durchaus anrüchig, ausschliesslich durch Fremdstimmen gewählt zu werden: zuerst die eigene Partei und nachher die Ausstrahlung auf weitere Volkskreise!

Die politische Karriere von Willi Ritschard im Kanton Solothurn ist diesem Muster gefolgt. Er war während vieler Jahre Ammann seiner Wohnsitzgemeinde Luterbach, war nachher ebenso lange Kantonsrat, während zwei Legislaturperioden Nationalrat, sodann jahrelang Regierungsrat und Finanzdirektor und hat 1973 in einer denkwürdigen Wahl den Sprung in den Bundesrat geschafft.

Beruflich mit einer handwerklichen Ausbildung ausgerüstet, hat er sich früh dem Gewerkschaftswesen gewidmet, hat das kantonale Gewerkschaftskartell geleitet und in dieser Stellung u. a. eine allseits anerkannte Ausbildungsstätte auf dem Balmberg ins Leben gerufen.

Das alles scheint dem herkömmlichen Schema zu entsprechen und würde nicht ohne weiteres die zusätzliche Dimension erklären, die Willi Ritschard auszeichnet, ihm die Statur eines Staatsmannes verleiht und ihn, bei aller Besonderheit von Herkunft und Stil, nach allgemeinem Urteil in die Reihe der solothurnischen Bundesräte würdig einfügt.

Woher also diese zusätzliche Dimension? Die Frage zu stellen, heisst zu versuchen, einen Politiker in seinen hellen und auch dunkleren Seiten zu erfassen.

Als erstes und hervorstechendes ist der gesunde Menschenverstand zu nennen, als zweites das Geschick im Umgang mit politischen Fragen und als drittes eine Volkstümlichkeit, die im Verlaufe der letzten Jahre offensichtlich zugenommen hat und fast zu einer eigenen Kategorie geworden ist.

Intelligenz und Fähigkeit, sich in vielfältige Sachgeschäfte einzulesen, werden mit Recht für selbstverständliche Erfordernisse in der Politik gehalten. Nicht gleich selbstverständlich ist das Vermögen, die sich stellenden Problemen zu beurteilen, sie in der richtigen Reihenfolge abzurufen, sie gelegentlich auch, weil sie noch nicht reif sind, liegen zu lassen und Entscheide dort und dann zu treffen, wo sie fällig geworden sind. Ob sich der Beifall der Stimmbürgerschaft einstellt oder auch ausbleibt, wie es Willi Ritschard als Regierungsrat ebenfalls erfahren hat, so dass er gelegentlich meinte, er sei ein «glückloser Regierungsrat», ist nicht entscheidend; auch negative Urnengänge wirken klärend und weisen die Akteure auf andere Mittel und Wege hin, eine Sachfrage aufzulisten. In der Demokratie ist das Volk allein König, im Kanton Solothurn mit seinem obligatorischen Gesetzesreferendum und den knapp bemessenen Finanzkompetenzen des Kantonsrates erst recht.

Zudem passiert es häufig genug, dass im weiteren Verlauf des politischen Gefechtes die endgültigen Lösungen nicht allzu weit von den ursprünglichen Konzeptionen entfernt liegen. Wer im besonderen, wie Willi Ritschard, während langer Zeit die kantonalen Finanzen zu betreuen hatte, weiss, wie wichtig es ist, den Kurs über Jahre hinweg unbeirrt einzuhalten.

Eine Bilanz über seine solothurnische Regierungszeit zu ziehen, wäre verfrüht. Die Zyklen sind langfristig, und was in der Wirtschaft geschieht, schlägt sich erst mit Verzögerung in den öffentlichen Haushalten nieder. Was richtig und was weniger gut war, lässt sich einzig aus historischer Sicht beurteilen. Für die Zeitgenossen bleibt der Eindruck, dass die Richtung grosso modo gestimmt hat. Daran ist der Umgang mit Parlament und Öffentlichkeit in starkem Masse mitbeteiligt. Die Budgetreden von Willi Ritschard im solothurnischen Kantonsrat waren allemal denkwürdig und wurden auf allen Bänken goutiert. Selbstverständlich ist es nicht ungefährlich, sein Publikum mit träfen Sprüchen zu verwöhnen; man riskiert, dass die Zuhörer auf die Einschiebsel achten und der Sache selbst den Lauf lassen; das hat Willi Ritschard auch im Bundesparlament gelegentlich erfahren. Mutterwitz und sogar die gelegentlichen Kalauer sind indes eine schätzenswerte Hilfe. Ein Stück Volksweisheit liegt allemal darin. Willi Ritschard hat bewiesen, dass es auch ohne gelehrte Zitate geht und dass es einen politischen Nonsens gibt, der der Sache gerecht wird und der dem Volke aus dem Herzen spricht. Es ist, wie man an seinem Fall exemplifizieren kann, ein Vorteil, nicht akademisch gebildet und nicht in der oft sterilen Begrifflichkeit gefangen zu sein. Politik ist keine Wissenschaft, sondern kluger Umgang mit widerspenstigen Kräften einerseits und deren Hinlenken auf Konsens, wenn oftmals auch minimalster Art, anderseits.

Um das zu verdeutlichen, sei auf einen meines Erachtens typischen Vorgang hingewiesen. Zu guter Zeit, nämlich in den Jahren der Hochkonjunktur, hat sich der Finanzdirektor Ritschard – woher auch immer inspiriert – mit der Frage zu befassen begonnen, wie es mit der wirtschaftlichen Struktur des Kantons Solothurn auf mittlere und längere Frist eigentlich bestellt sei, und er hat den Auftrag erteilt, das zu entwerfen, was man dann als Strukturförderungsgesetz präsentierte. Eine höchst kurzsichtige Opposition aus Kreisen, die befürchteten, bei einer stärkeren wirtschaftlichen Diversifikation des Kantons Arbeitskräfte für die Uhrenindustrie zu verlieren (!), war erfolgreich; das Gesetz wurde knapp verworfen mit der Folge, dass kurze Zeit später Massnahmen zum Zwecke der Strukturverbesserung zu ergreifen waren, denen das Volk dann ohne weiteres zustimmte. «Popularität», wie sie Willi Ritschard in reichem Masse zukommt, gilt in politischen Kreisen leicht als verdächtig. Man verschafft sich damit den Ruf entweder eines Politikers, der dem Volk nach dem Maule redet, oder aber eines Volkstribunen. Für Willi Ritschard gilt weder das eine noch das andere. Wohl hat er gelegentlich – etwa an 1.-Mai-Ansprachen – stärker und anders auf die Pauke gehauen, als er es gemeinhin tut. Auch erinnert man sich ungern an Äusserungen im Zusammenhang mit den Zürcher Krawallen, wonach die «Zukurzgekommenen» stets auf die Strasse gegangen seien. Doch sind das Ausnahmen, und man könnte sie leicht mit Äusserungen, die ein hohes Verantwortungsbewusstsein und ein klares Bekenntnis zum freiheitlichen System des Landes zum Ausdruck bringen, nicht nur korrigieren, sondern ins richtige Licht rücken. Lassen wir schliesslich nicht unerwähnt, dass sich Willi Ritschard, auch als er in hohen Funktionen stand, stets als lernbereit und wissbegierig erwiesen hat. Er gehört nicht zu den Politikern, die alles besser wissen; er lässt sich beraten. Dass er sich beim Eidgenössischen Verkehrs- und Energiewirtschaftsdepartement in einer unkomfortablen Situation befand, weil die eigene Partei teilweise andere Tendenzen verfolgte, mag seine Wirksamkeit beeinträchtigt haben. Aber auch dort hat er Courage gezeigt, als er beispielsweise in einem denkwürdigen Schreiben Organisationen, die dem Departement affiliiert sind, zur Ordnung rief. Auch beim Eidgenössischen Finanzdepartement hat er Standfestigkeit bewiesen. Er hat scheinbar populären fiskalischen Beutezügen Widerstand geleistet und hat mit der Verlängerung der Finanzordnung im Jahre 1981 einen eindrücklichen Erfolg errungen. Dass auf diesem Gebiet die Blumensträusse nicht allzu reichlich verschenkt werden, ist ja notorisch. So bleibt das Bild eines Mannes, der sich um das Gemeinwohl verdient gemacht und kraft seiner Verdienste, aber auch dank seiner Persönlichkeit einen festen Platz in der solothurnischen und eidgenössischen Geschichte errungen hat.

Aus der Sicht eines Finanzfachmanns

Ein ernüchterter, kein geschlagener Finanzminister

Fritz Leutwiler

Willi Ritschard lacht gern, aber als Finanzminister hat er nichts zu lachen, und wenn er Bonmots über die Bundesfinanzen in seine Reden einflicht, dann steckt in der Regel ein bitterer Kern darin. Denn das Bundesfinanzproblem ist ein Dauerbrenner seit Jahrzehnten; mancher Finanzminister hat sich daran die Finger verbrannt. Wenn das Problem mit persönlichem Einsatz und Charme zu lösen wäre, Willi Ritschard hätte es geschafft. Aber bei den Diskussionen über die Bundesfinanzen gelten andere Spielregeln. Da mag der Finanzminister noch so populär sein, die wirtschaftlichen und politischen Interessen gehen in Richtung höherer Ausgaben und geringerer Steuerleistungen, und die ökonomisch sinnvolle These vom Gleichgewicht des Bundeshaushaltes bleibt weit herum Lippenbekenntnis. Willi Ritschard wird dereinst nicht als Geschlagener von der Bühne des Finanzdepartements abtreten, aber als ein Ernüchterter.

Fritz Leutwiler, Dr., Präsident des Direktoriums der Schweizerischen Nationalbank.

Mehr Freude hat ihm – so hofft der Schreiber dieser Zeilen jedenfalls – die Geld- und Währungspolitik bereitet, ein Bereich, in dem die Nationalbank und das Finanzdepartement eng zusammenarbeiten. Sicher ist, dass Willi Ritschard als Finanzminister der Nationalbank Freude bereitet hat, denn mit ihm ist das Vertrauens- und Freundschaftsverhältnis ein besonders enges. Er hat den Bereich, in welchem die Nationalbank nach Verfassung und Gesetz selbständig handelt, stets respektiert, nicht nur aus rechtlichen Erwägungen, sondern auch – und vor allem – weil er wusste, dass die Nationalbank ihrerseits die Aufgaben und Verantwortlichkeiten des Bundesrates respektiert und die Zusammenarbeit mit der Landesregierung sucht. Willi Ritschard hat sich auch jederzeit gegen Tendenzen gewehrt, die Notenbank als Milchkuh zu missbrauchen, und er ist wahrscheinlich einer der wenigen, wenn nicht der einzige Finanzminister der Welt, der es ablehnt, mit «Gewinnen» der Nationalbank sein Defizit zu verkleinern. Mancher gelehrte Nationalökonom könnte sich jedenfalls am hochentwickelten Sinn Willi Ritschards für wirtschaftliche Zusammenhänge ein Beispiel nehmen.

Aus der Sicht einer Frau

Ein Bundesrat mit Gefühl

Doris Morf

Als ich Willi Ritschard fragte, ob er auch schon geweint habe, seit er erwachsen ist, war er verdutzt, zögerte. Ein Mann spricht nicht gern über so etwas. Er gab sich einen Ruck: «Ja. Auch schon. Durchaus. Zum letzten Mal beim Tod unseres Freundes Ezio Canonica. Die ganze Trauerfeier hindurch versuchte ich vergeblich, die Tränen zurückzuhalten. Beim Verlassen des Fraumünsters hat mich ein Fotoreporter gebeten, so zu

tun, als ob ich eine Träne abwische. Ich hätte ihm am liebsten eine hinuntergehauen.» Wenn Willi Ritschard wütend ist, macht er ein Nussknackergesicht. Wenn er sich freut, fälteln sich Sonnenplissées um seine Augenwinkel. «Aber mir kommen die Tränen auch bei freudigen Ereignissen», fügt er hinzu, «zum Beispiel bei den Wahlfeiern daheim, im Solothurnischen, als ich Bundespräsident wurde. Ich spürte da eine solche Welle von Sympathie, dass ich unheimlich auf die Zähne beissen musste...» Er schüttelt den Kopf, verwundert über sich selbst: «Ich bin wahrscheinlich schon ziemlich gefühlsbetont.»
Sicher. Willi Ritschard ist der Bundesrat mit Gefühl. Bei ihm wird von einem ganzen Volk mit Wohlwollen anerkannt, was man uns Frauen pauschal vorwirft – Emotionen. Und er liefert von Zeit zu Zeit Erklärungen dazu: «Mit Vernunft reagieren wir im allgemeinen erst, wenn alle anderen Möglichkeiten erschöpft sind. Manches, was man in der Politik als Vernunft und Erfahrung bezeichnet, ist oft wenig anderes als eine Form der Resignation.»
Als Willi Ritschard noch dem Verkehrs- und Energiedepartement vorstand, ging ich einmal mit ihm zu seinem Büro hinüber, nach einer Sitzung der Atomgesetzkommission des Nationalrats – einer ungefreuten Sitzung, die Fronten verhärtet, keine neuen Argumente, keine Kompromisse; Willis bei anderer Gelegenheit gehörte Äusserung «Ich habe in dieser Sache vorläufig ein Amt und keine Meinung» wäre ihm von niemandem abgenommen worden. Die ausweglose Situation hatte ihn offenbar so bedrückt, dass er sich zu harten Bemerkungen der damaligen Genfer Nationalrätin und AKW-Gegnerin Monique Bauer gegenüber hinreissen liess. Ich fragte Willi, ob es bei ihm auch Tage gebe, die er am liebsten aus dem Leben gestrichen hätte. «Auwä! Vüu!» kommt sofort die Antwort. Und er fügt hinzu: «Den heutigen, zum Beispiel. Manchmal reagiere ich einfach zu heftig. Nachher tut's mir leid. Wahrscheinlich hat das jeder Politiker so – dass er hin und wieder bereut, was er gesagt hat, dass er es gern wieder auslöschen würde, wenn das möglich wäre.»
Bei soviel subjektiver Ehrlichkeit, kann ich eine Frage vorbringen, auf die mir sonst kaum ehrlich geantwortet wird: «Hast du dich in deiner gewerkschaftlichen und politischen Arbeit schon bei Frauenfeindlichkeit ertappt?» Willi ist betroffen, dann belustigt: «Also bei uns, in der Gewerkschaft Bau und Holz, hatte es ohnehin zu wenig Frauen. Und ich glaube, meine Frau, vor allem, hat kaum je das Gefühl haben müssen, dass wir nicht über eine absolute Partnerschaft verfügen. Man sagt, die ökonomische Stellung der Frau sei entscheidend – also s'Greti hat immer über mein volles Einkommen verfügt, auch heute noch. Ich habe schon oft gesagt, ich könnte meinen Bundesratslohn gar nicht verbrau-

109

chen, wenn ich keine Frau hätte. Und s'Greti behauptet, ich sei viel freundlicher mit Frauen als mit Männern.»
Als er kürzlich seine bärenhafte Freundlichkeit auf eine zum ersten Mal an einer Sitzung der sozialdemokratischen Fraktion teilnehmende Sekretärin losliess, wäre sie, wie sie mir nachher sagte, am liebsten im Erdboden versunken vor Schreck. «Was machsch dänn du da?» fuhr er sie an, als er hereinkam, und fuhr gleich anerkennend fort: «Läck, isch das es Hübsches!» Reagiert eine Frau allerdings einmal zu entgegenkommend auf seine Komplimente, zuckt Willi verdutzt zurück und schiebt mit seiner Standard-Bemerkung den Riegel vor: «Wenn mich eine gar so freundlich anlacht, dann hat sie entweder schlechte Augen oder handelt mit Antiquitäten.»
Mit seinen Freunden ist er handfest freundlich auf männliche Art. Während Fraktionssitzungen haut er in plötzlicher Sympathieaufwallung von Zeit zu Zeit seinem neben ihm sitzenden Freund Rolf Weber auf die Schulter, dass es nur so kracht. Jeder andere ginge zu Boden, aber Rolf Weber – dessen Vater, alt Bundesrat Max Weber, Ritschards Vorbild und Lehrmeister war – lächelt nur; er weiss, dass Willi damit sagt: Ich bin froh, dass du da bist, dass ich mich auf jemanden verlassen kann. Willi Ritschard braucht Menschen um sich, von denen er weiss, dass sie vorbehaltlos zu ihm stehen. Greti Ritschard-Hostettler war denn auch lange Zeit die einzige Frau der Wochenaufenthalter-Bundesräte, die am Montag, nach dem Wochenende im Haus in Luterbach, mit ihrem Mann nach Bern zurückfuhr und ihm dort in einer Vierzimmerwohnung den Haushalt führte.

Seine Familie ist für Willi Ritschard Mittelpunkt des Lebens. «Sie haben mir das geschaffen und immer wieder neu gegeben, ohne das jede politische Tätigkeit im Grund sinnlos und leer wäre: eine Heimat im Guten und Bösen. Ich habe hier jedes Glück gefunden, das man sich vorstellen kann.»

Zwar beklagte sich Willi Ritschard einmal: «Man sieht bei uns Bundesräten gerne nicht den Motor, sondern nur die Karosserie.» Aber das trifft gerade auf ihn nicht zu. Er lässt sich unter die Kühlerhaube blicken. Da sieht man, was ihn bewegt. Und man sieht, dass er nicht vollautomatisch fährt. Er schaltet selber. Meist gekonnt. Und manchmal so spontan, dass es nur so knackt.

Doris Morf, SP-Nationalrätin, Schriftstellerin.

Aus der Sicht eines Bundesratskollegen

Brücken zum Mitbürger

Kurt Furgler

Lieber Willi,

1955 wurdest Du in den Nationalrat gewählt. Seit einem Jahr gehörte auch ich zu den eidgenössischen Räten. Der Zufall wollte es, dass im überwiegend sozialdemokratischen Sektor des Nationalrates eine Sechserreihe aus zwei KK-CSP (heute CVP) und vier Freisinnigen für Aufheiterung besorgt war. So sass ich direkt hinter Dir und dem Präsidenten des Gewerkschaftsbundes, Arthur Steiner, Deinem Freund und Lehrmeister, und vor Deiner Parteileitung, verkörpert durch Walther Bringolf, der Valentin Gitermann zum Nachbarn erkoren hatte. Die örtliche Lage brachte es mit sich, dass ich ungewollt manch köstlichen, gelegentlich auch harten Dialog zwischen den verschiedenen Gruppen Eurer Partei zu hören bekam, was zur vertieften Erkenntnis über Sein und Schein im politischen Alltag nicht unwesentlich beitrug. Der direkte Zugang zum Mitmenschen ist eine Deiner Stärken. Arthur Steiner war aus dem gleichen Holz geschnitzt. Weisst Du noch, wie er kurz und bündig erklärte, er möchte seinen «Hintersäss» näher kennenlernen? Zu diesem Zweck lud er Dich und mich ins Volkshaus zum z'Mittag ein. Natürlich sprachen wir über Politik, vor allem aber lernten wir uns gegenseitig kennen und schätzen. Ist das nicht eine der wichtigsten Voraussetzungen für unsere Demokratie?
Dein erstes Votum im Rat ist mir noch gut in Erinnerung. Im Zusammenhang mit der beschränkten Preiskontrolle wurde über die Frage des gerechten Lohns debattiert. Du wiesest dabei auf die durchschnittlichen Stundenlöhne der Bauarbeiter hin und fuhrst dann engagiert fort: «Das ergibt ein Jahreseinkommen von 5600 Franken. Ziehen Sie nun den durchschnittlichen Zins ... von Fr. 1200.– ab, dann bleibt diesem Handlanger noch ein Betrag von Fr. 4400.– oder zirka 400 Franken im Monat. Dann müssen Sie ausrechnen, wie dieser Mann leben soll.» 1956 bis 1983: mit Freude wirst Du den wirtschaftlichen und sozialen Fortschritt werten, den alle Werktätigen seit jener Zeit verwirklichen konnten. Der Einsatz hat sich gelohnt!
Du gehörtest in jener Zeit mit Deiner Partei zur Opposition. Hatte ich mit

4 FDP-, 2 CVP- und einem SVP-Bundesrat begonnen, so kam mit Deinem Einzug ins Parlament die vierjährige Zwischenphase 3 FDP / 3 CVP / 1 SVP, worauf wir Ende 1959 die Entstehung der Zauberformel miterlebten. Eure Kandidaten hiessen Willy Spühler und Walther Bringolf; gewählt wurden Willy Spühler und Hans Peter Tschudi. Jene historischen Wahlgänge bleiben in Dir und mir haften. – Nach acht guten Jahren im Nationalrat wurdest Du 1963 an erster Stelle auf der sozialdemokratischen Liste Deines Heimatkantons wiedergewählt. Wegen der gleichzeitigen ehrenvollen Berufung in den Regierungsrat des Standes Solothurn hast Du jedoch auf das eidgenössische Mandat verzichtet.

Deine Familie, die Gewerkschaften und Dein Solothurn haben Dich geprägt. Es ist ein Kanton eigener Art mit seiner vielgliedrigen geographischen Gestalt, seinem Volk von ausgeprägtem Staatsbewusstsein, seinen für die Politik – auch für die Parteipolitik – offenen Bürgern, seinen trotz ihrer Verschiedenartigkeit in Toleranz verbundenen Menschen. Mit der Ambassadorenstadt als Zentrum gehört er zu den Ständen, welche Brücke sind zwischen Welsch und Deutsch. All das hat auf Dich abgefärbt – wohl auch der Jass mit Deinem Artilleriekameraden Bischof Hänggi! Es öffnete Deinen Sinn für die Sorgen und Nöte Deiner Mitmenschen und brachte Dir umgekehrt ihr Zutrauen, ja ihre Zuneigung ein.

So verwunderte es nicht, dass Dir am 5. Dezember 1973 auch das eidgenössische Parlament sein Vertrauen ausspracht. Du wurdest ehrenvoll zum Nachfolger von Bundesrat Hans Peter Tschudi erkoren. Wiederum durfte ich Dich willkommen heissen und seither als Partner in vielen Jahren harter, aber auch wertvoller Arbeit begleiten.

Die Richtpunkte unseres Handelns als Mitglieder des Bundesrates sind in der Verfassung niedergelegt. Dabei verlangt unser Regierungssystem nicht, dass man sein politisches Credo vor dem Eintritt ins Bundesratszimmer wie einen zu klein gewordenen Mantel auszieht und an den Nagel hängt. Du bliebst auch im Bundesrat Sozialdemokrat. Alle Bundesräte bringen ihre persönliche Überzeugung in die Regierungsarbeit ein. Entscheidend ist dann allerdings der Wille eines jeden zum überparteilichen Dienst an der Eidgenossenschaft.

Regieren muss in der direkten Demokratie – mehr als in jeder andern Staatsform – auch gegen aussen vertreten und begründet werden. Der Bürger hat Anspruch auf Information über die Vorstellungen und die Ziele der Regierung. Denn in der direkten Demokratie hat er an der Urne grundlegende politische Wei-

Kurt Furgler, Dr., Bundesrat, Vorsteher des Eidgenössischen Volkswirtschaftsdepartementes.

chenstellungen vorzunehmen. Die Komplexität der politischen Probleme im modernen Industriestaat veranlasst leider manche unserer Mitbürger zu politischer Abstinenz. Du besitzest die seltene Gabe, komplizierte Zusammenhänge einfach darstellen zu können; mit Deinem träfen Humor gewinnst Du das Interesse Deiner Zuhörer sogar für trockene Materien. So hast Du in den vergangenen Jahren von zwei Departementen aus – etwa im Bereich der Energie-, der Verkehrs- und der Finanzpolitik – wichtige Aufklärungsarbeit geleistet und wertvolle Brücken zwischen der Regierung und unseren Mitbürgern geschlagen. Lieber Willi – ein 65ster Geburtstag ist Anlass für eine Standortbestimmung, welche Rückschau und Vorausblick einschliesst. Ich hoffe und glaube, dass Deine persönliche Bilanz positiv ist. Was in meinen Zeilen bereits durchschimmert, sei hier noch ausformuliert: Ich danke Dir, auch im Namen unserer Kollegen, für Deinen unablässigen Einsatz zum Wohl unserer staatlichen Gemeinschaft. Wir wünschen Dir und Deinen Lieben, dass auch die kommenden Jahre unter einem glücklichen Stern stehen mögen.

Peter Bichsel

Willi Ritschard aus Deitingen

Ein untauglicher Versuch, über einen Freund diskret zu schweigen.

Die Legende, dass Willi Ritschard schon als Bub Bundesrat werden wollte und schon als Jüngling gewusst oder geahnt hat, dass er es wird – diese Legende ist nicht wahr. Ich habe sie selbst erfunden und ab und zu erzählt, wenn mich jemand nach dem Phänomen Ritschard fragte. Ich habe die Geschichte erfunden in Hilflosigkeit, weil er – würde man nur die sogenannte Wahrheit erzählen – allzusehr den anderen gleichen würde und weil er – wenn man ihn persönlich kennt – doch anders ist als andere.
Ich meine, eine politische Karriere setzt Ehrgeiz und Eitelkeit voraus, Eigenschaften, die Willi Ritschard nicht fremd sind, die ihn aber doch nicht eigentlich charakterisieren. Er ist eher trotzig als ehrgeizig, und dieser Trotz, den ich oft an ihm erlebt habe und der mir oft Mühe machte, verführt mich zur Vorstellung, dass in Deitingen im Kanton Solothurn vor Zeiten einmal ein kleiner Junge auf den Boden gestampft hat und gesagt hat – in sich hinein gesagt hat – euch werde ich's zeigen, ich werde Bundesrat.
Ich weiss nicht, wie sehr das Wissen unter den heutigen Kindern noch verbreitet ist – unter den männlichen Kindern unserer Generation wusste man, dass jeder Schweizer Bundesrat werden kann, und man nahm auch an, dass es das Höchste ist, was man werden kann.
Deitingen war ein sehr kleines Dorf, geographisch in der Nähe von Solothurn, gesellschaftlich sehr weit von Solothurn entfernt. Wenn die Deitiger nach Solothurn kamen, dann kamen sie von weit her, waren nicht immer ungefährlich in den Beizen und eigentlich stolz darauf, keine städtischen Umgangsformen zu haben. Man erkannte sie, und man erkannte sie vor allem auch an ihrer Sprache, die sich von allen anderen in der Gegend dadurch unterscheidet, dass die Vokale verschluckt werden, wenn sie für das Verständnis nicht drin-

gend nötig sind, und Verständnis heisst in diesem Falle: Es genügt, wenn die Deitiger die Deitiger verstehen, oder für Ritschard: Es genügt, wenn man sich selbst versteht, dann verstehen einen die anderen auch.

Eine Anekdote: Als Ritschard noch im Verkehrsdepartement war, habe ich einmal zu ihm gesagt: «Weisst du eigentlich, wie du ‚Öffentlicher Verkehr' aussprichst», und er sagte: «Ja, genau so: ‚Öfftlchr Vkehr'.»
«Es heisst aber richtig ‚Öffentlicher Verkehr'», sagte ich. «Das sag ich ja», sagte er, und das Thema war vorläufig erledigt. Nach einer Stunde fragte er: «Wie sag ich ‚Öfftlchr Vkehr'?» Ich erklärte es noch mal und er sagte: «Versteht man denn, was ich meine?» Ich bejahte, und er erklärte: «Dann lassen wir es so.»
Irgendwie ist das Deitingen als Prinzip. Er hat dieses Prinzip durchgesetzt und man versteht ihn. Er erweckt Vertrauen, weil er so spricht, wie er spricht.

Aber Deitingen war für ihn nicht nur eitel Freude und stolze Heimat. Wer trotzig ist, der ist es auf Grund von Verwundungen und Narben, und diese Narben – die ersten und tiefsten – hat er in Deitingen bezogen. Es waren die Beleidigungen, die den Minderheiten widerfahren, nicht etwa die Beleidigung der Armut, die Armen waren keine Minderheit, aber die Reformierten waren in diesem Dorf eine Minderheit, Ritschards waren die einzigen Reformierten im Dorf, und die Minderheit der Sozialdemokraten, der Sozis, der Roten. Der Vater war Schuhmacher im Dorf und er war Kantonsrat, und wer ein anständiger Mensch war, der brachte seine Schuhe nicht zum roten Schuhmacher. Ich habe die Geschichte von Willi immer wieder gehört, und ich habe ihm nie gesagt, dass ich sie bereits kenne, weil es eine wichtige Geschichte ist, die er erzählen will und an die er sich erinnern will: Die Katholischen lauerten im Dorf dem Jüngsten der reformierten, der roten Familie auf, verprügelten ihn, schleppten ihn in die katholische Kirche und zwangen ihn dort auf die Knie.
Dass er sich damals geschworen hat: «Euch werd ich's zeigen. Ich werde Bundesrat und ihr werdet mich hier am Bahnhof abholen müssen», das ist eine literarische Erfindung von mir, und Willi weist sie mit Recht von sich. Er sann offensichtlich nicht auf Rache, sondern auf Trotz. Und sein Trotz hiess Solidarität, Solidarität zu seinem Vater, für den er verprügelt wurde, Solidarität zu den Ideen

Naturfreund und Wanderer Ritschard: „Ich frage mich manchmal schon, von wem dieses Land eigentlich regiert wird."

seines Vaters. Er war ein treuer Sozialist, bevor er den Sozialismus kannte, die Eltern zu kennen und zu lieben, das genügte ihm, um tapfer zu sein. Aber die Stichwörter des Sozialismus müssen ihm früh bekannt gewesen sein, im Hause wurde politisiert, und wer beim Schuhmacher lange sitzen blieb, stand im Verdacht der Verschwörung. Das Wort Solidarität war wohl auch deshalb für Willi nie ein Fremdwort, sondern ein Wort, das er in früher Kindheit gelernt hat. Er spricht es noch heute – auch in einem hochdeutschen Vortrag – in Deitiger Mundart aus: «Sldrität».

1925, Willi war in der ersten Klasse, fuhr sein Vater nach Zürich. Willi erinnert sich daran, und er wusste auch schon damals, was sein Vater dort zu tun hatte. Er fuhr zur Beerdigung von Herman Greulich. Nach Zürich zu fahren, das war damals für Deitingen ein enormer Luxus. Man wusste im Dorf, dass er gefahren war und wohl auch weshalb. Aber der kleine Willi war stolz darauf, einen Vater zu haben, der mal in Zürich war, und auch er wusste weshalb.

Es ist nicht meine Absicht, hier eine Biographie zu schreiben, und ich meine dies alles nicht biographisch, sondern als Versuch, Ritschards Charakter zu beschreiben. Zwar ist er durch Familientradition zum Sozialismus gekommen, sozusagen selbstverständlich, aber er hat von früher Kindheit an diesen Sozialismus als etwas Gemeinsames, Solidarisches, als etwas Eingeschworenes und Verschworenes erlebt und als etwas Familiäres.

Als Willi sechzehn war, starben kurz nacheinander seine Eltern. Er ging nun über in die Botmässigkeit seiner älteren Brüder – er war der Jüngste von fünf – und diese vielleicht oft etwas harte Männerschule hat ihn auch geprägt. Die Frau bleibt seine Sehnsucht, aber er hat eine Neigung zur Männerbündelei, vielleicht auch deshalb, weil er sich schämen würde, mit Frauen Kompromisse aushandeln zu müssen. Selbstverständlich trat er als Sozialdemokrat stets für das Frauenstimmrecht ein – nicht halbherzig, sondern überzeugt –, aber der frühe Verlust einer geliebten Mutter machte es ihm vorerst fast unmöglich, Frauen in den Tiefen des Gewöhnlichen zu sehen – denn Politik blieb für ihn immer das Gewöhnliche, das Banale, das man zu tun hat, so wie man einen Nagel einzuschlagen hat oder den Garten umzustechen. Willi Ritschard ist politischen Utopien nicht abgeneigt, er kann sie entwerfen und davon träumen, aber in seiner täglichen politischen Arbeit spielen sie keine Rolle. Der Zweiwegsozialismus, der einerseits die tägliche pragmatische politische Arbeit meint und andrerseits den Entwurf einer Zukunft (oft als Doppelstrategie diffamiert) ist dem Willi Ritschard bekannt. Er vertritt ihn auch innerhalb der Partei, aber er selbst hat sich eindeutig für einen Teil dieser Arbeit entschieden, für den pragmatischen und alltäglichen. Das hat nichts mit Opportunismus zu tun, sondern nur mit dem sicheren Erkennen der eigenen Fähigkeit und entsprechend dem Wissen, dass es andere Fähigkeiten, andere Denkmodelle, andere Leben gibt.

Anekdote: Im Kanton Solothurn gab es noch die lächerliche und fast liebenswürdige, sehr archaische Einrichtung, dass das hinterste Bildchen, das der Kanton kaufen sollte, vom Gesamtregierungsrat begutachtet wurde. So sah man denn in Kunstausstellungen oft fünf schwarz gekleidete Herren mit ihren Händen auf dem Rücken vor Wänden einen guten Eindruck machen, und ihre Auswahl machte ihnen keine Schwierigkeiten, weil sie selbst ja auch Ausgewählte waren. Oder der Präsident der Kunstkommission hatte beim Regierungsrat vorzutraben und seine Kaufvorschläge zu verteidigen. Dieser erzählte mir, wie er mit einem Bild, das ihm selber sehr am Herzen lag, vor dem Rat keine Gnade fand – alle fanden es grässlich und lehnten es ab. Ritschard, der die Unglücklichkeit des Präsidenten erkannte, sagte darauf: «Mir gefällt das Bild auch nicht, ich verstehe es auch nicht – aber ich weiss, dass der Herr Kamber etwas davon versteht, und ich vertraue ihm.» Das Bild wurde gekauft.

Vielleicht ist dies auch die Erkenntnis eines Bauhandwerkers, dass der andere Bauhandwerker – der Maurer, der Installateur, der Elektriker – auch etwas kann, nämlich etwas anderes. Wer zu Willi Ritschard kommt, wird ausgefragt, und wer Antworten darauf hat, der hat seine Verehrung. Sein gutes Verhältnis zu Journalisten hat mitunter damit zu tun, dass er sie als Fachleute nimmt und grosse Hochachtung vor denen hat, die so eine Zeitung machen, die man dann lesen kann. Nicht, dass es Willi Ritschard nicht schmeicheln würde, sein Bild in der Zeitung zu sehen – nicht, dass er nicht hie und da auch selbst etwas dafür unternehmen würde, zum Beispiel die Sympathie der Journalisten zu gewinnen – aber er hat es nicht nötig, weil Journalisten wohl selten so viel Hochachtung begegnen – und das ist kein Trick eines Politikers, sondern die Selbstverständlichkeit eines Handwerkers. Er kann das, was der andere kann, nicht, und er hat auch nicht den

Eindruck, dass er es könnte. Er hält sich nicht für ein Talent, er weiss nur, dass er arbeiten kann.
Und seine Arbeitsmethoden sind archaisch, um nicht zu sagen veraltet und altväterisch. Er hält wenig von Organisation, von Arbeitsplanung und Arbeitsvorbereitung. Er hat eine Beige Papier vor sich und beginnt beim ersten Blatt. Und er liest dieses Blatt; die Attitüde des Akademikers, der vermutet, dass er den Inhalt schon kennt, ist ihm fremd. Ebenso fremd sind ihm Arbeitshierachien, seine Mitarbeiter im Departement hatten sich daran gewöhnt, dass er nicht mit jenen sprechen will, die die Arbeit in Auftrag gegeben haben, sondern mit jenen, die sie geschrieben haben. So kam es, dass mitunter die Kleinen der Hierarchie bei ihm gesessen sind und nicht die Grossen. Ich erinnere mich, dass sein Sohn und ich nach seiner Wahl zum Bundesrat auf ihn eingeredet haben, dass er sich nun in Bern einen anderen Arbeitsstil zuzulegen habe und nicht mehr so weiterfahren könne wie als Regierungsrat, dass er nun zu planen und zu delegieren habe. Er hat uns nicht zugehört und uns auf die schönen Blumen auf der Wiese aufmerksam gemacht, und er hat seinen Arbeitsstil nicht geändert, weil er es gar nicht gekonnt hätte, er verlässt sich nicht auf Arbeitsmethoden, nur auf Arbeit. Und wenn er von Arbeit spricht, dann spricht er nicht von harter Arbeit. Und er weiss im übrigen, dass ein Industriearbeiter härtere Arbeit leistet als ein Bundesrat und frustrierendere und beschämendere, und er weiss, dass auch Bauarbeiter einen Herzinfarkt bekommen können.
Willi Ritschard, der Heizungsmonteur, der Arbeiter ohne höhere Bildung im Bundesrat, der endlich Beweis dafür ist, dass die Bundesverfassung jeden Bürger Bundesrat werden lässt! Auch andere Regierungen lassen ehemalige Arbeiter in die Ministerämter, aber in der Regel eben nur ehemalige, die als Werkstudenten, im Fernstudium und Abendgymnasium das akademische Rüstzeug nachgeholt haben. Willi Ritschard ist nicht ein ehemaliger Arbeiter, er ist es geblieben und er ist mitunter fast beleidigend unakademisch. Die Arbeiterschule seines späteren Freundes – Altbundesrat Max Weber – ist sein Stolz.
Es ist eigentlich erstaunlich, dass er nie auf die Idee einer klassischen Ausbildung gekommen ist. Hatte er keine Zeit dafür: Lehre, Aktivdienst, Heirat, frühe politische Ämter, Gemeindepräsident, Gewerkschaftssekretär? Oder war es sein Trotz – selbst zu lernen, was die

anderen gelehrt bekommen müssen? Vielleicht aber nur die Überzeugung, dass man ja auch fragen kann, wenn man etwas nicht weiss, und dass man es sich merken kann. Er verlässt sich auf seinen Verstand, nicht etwa auf den sogenannten gesunden Menschenverstand des Gefühls, sondern auf Wissen und Gedächtnis. Seine Mitarbeiter haben sich darauf einzustellen oder an ihm zu scheitern. Ich habe mich am Anfang unserer Zusammenarbeit auf unsere langen Gespräche so vorbereitet, dass ich ihm alles Wichtige mit Unterstreichungen und Ausrufzeichen aufgeschrieben habe und das weniger Wichtige mündlich vorgetragen habe. Das ist unter Alphabeten so üblich. Ich habe bei ihm gelernt, dass es eine Form von Entmenschlichung sein kann, wenn das Schriftliche wichtiger wird als das Mündliche, und sehr bald habe ich für ihn das Unwichtige schriftlich festgehalten, damit wir im mündlichen Gespräch genügend Zeit haben für das Wichtige. Willi Ritschard reagiert auf Mündliches – das sollte eigentlich eine menschliche Selbstverständlichkeit sein, und es spricht gegen uns, dass es uns auffällt. Ich kann ihm zum Beispiel während einer Wanderung von einer Frau erzählen, die irgendwelche Schwierigkeiten hat. Er fragt mich nach der Adresse. Ich habe den Eindruck, er hat sich nicht besonders bemüht, sich Name und Adresse zu merken. Später höre ich, dass er sich um die Angelegenheit gekümmert habe. Ich glaube, nichts unterscheidet ihn so sehr von andern, wie sein mündliches Talent. Das Wort, das akustische Wort, gilt etwas bei ihm. (Er wird im übrigen wohl leider der letzte sein, der sich diese Qualität bewahrt hat – ein Ähnlicher heute würde wohl den zweiten Bildungsweg einschlagen und sein Hirn für Schriftliches umfunktionieren.) Jedenfalls, was man nicht sagen kann, sondern nur schreiben, das gilt bei Ritschard nichts und wird mit seiner recht beleidigenden Handbewegung weggewiesen. Ein Schriftsteller jedenfalls hat bei ihm nichts zu suchen, und das einzige, was den Schriftsteller bei ihm halten kann, ist, dass er den anders Denkenden (und nicht nur billig den Andersdenkenden) achtet, verehrt und braucht. Es ist ein gutes Gefühl, brauchbar zu sein, es ist jenes Gefühl, wenn der kleine Bub zum ersten Mal dem Vater bei einer handwerklichen Arbeit helfen darf und feststellt, dass es für diese Arbeit vier Hände braucht und dass zwei von ihnen ihm gehören.
Damit ist auch meine Arbeit für Willi umschrieben. Er hat zwei sehr grosse Hände, er braucht selten vier. Ich weiss, das ist eine literarische

Umschreibung. Mehr gelingt mir beim besten Willen nicht dazu. Ich weiss konkret nicht genau, wie wir zusammen gearbeitet haben, weil unsere Zusammenarbeit keine Methode hatte. Ich wusste nicht, was er von mir will, und wenn er es nicht brauchen konnte, wurde nicht darüber gesprochen. Manöverkritik ist ihm unbekannt, entweder ist etwas gelungen oder misslungen. Er hält wenig davon, die Gründe dafür zu wissen. Die Gründe dafür ändern nichts daran, dass man die Sache an die Hand und in die Hand nehmen muss. Das lässt sich schön sagen, und das klingt auch schön, aber es ist oft gar nicht so leicht für die anderen, sich daran zu gewöhnen, und die abweisende Handbewegung Willis kann tief treffen.

Wenn ich Leute in der Beiz höre, dann bekomme ich ab und zu den Eindruck, sie möchten nur noch Arbeiter im Bundesrat. Das wäre fatal, Arbeiter haben nicht mehr Qualitäten als Akademiker, nur andere und für das ganze Spektrum notwendige. Und diese Qualitäten fallen nur deshalb positiv auf, weil sie im Spektrum meist fehlen. Die Demokratie ist das System der Laien, nicht der Fachleute – der interessierten, vielseitig offenen Laien selbstverständlich, auch ein Akademiker kann vielseitig laienhaft sein selbstverständlich, auch ein Jurist kann das selbstverständlich. Aber ich halte das zunehmende Vertrauen in nur Juristen und Volkswirtschafter als ein Misstrauensvotum der Demokratie gegenüber.

Die Bedenken gegenüber dem Arbeiter Willi Ritschard – und sie sind mitunter berechtigt – soll allerdings ein anderer formulieren. Ich bin sein Freund, ich hatte genug Ärger mit ihm, und ich bin stolz auf diesen Ärger und freue mich darüber, dass die Freundschaft immer stärker war.

Unsere Freundschaft ist wohl eine politische Freundschaft. Wir haben uns in der Partei und in der politischen Arbeit kennengelernt, und eigenartigerweise ist sie durch nur etwas getrübt: durch Politik. Wäre Willi nicht Bundesrat, ich könnte hier über anderes, über mehr und über Wichtigeres schreiben. Aber er ist ja nicht nur Willi Ritschard, sondern auch ein Bundesrat, eingesperrt in Geheimnisse, in Staatsraison, in politische Gegnerschaft, in öffentliches Interesse, unwillig zu lügen und systembedingt nicht immer fähig zur ganzen Wahrheit. Berufspolitik hat die Tendenz zur teilweisen Entmenschlichung – der Bundesrat ist nicht der Ort, wo man ausrufen kann: «Hier bin ich Mensch, hier darf ich's sein.» Es ist Willi Ritschard jedenfalls nicht leicht gefallen, die Rolle eines Bundesrates zu spielen. Er hat dafür einiges geopfert. Nicht etwa seine Gesundheit, die opfert jeder andere Arbeiter auch, aber zum Beispiel die menschliche Fähigkeit, ungerecht sein zu dürfen, unpräzis sein zu dürfen, behaupten zu dürfen und auf den Tisch hauen zu dürfen, ganz anderer Meinung sein zu dürfen, für einmal absolut alles blödsinnig finden zu dürfen – oder, um es «positiv» zu sagen, moderat sein zu müssen.

Das nagt, und Willi hat sich verändert – nicht verschlechtert, er ist kein anderer und denkt nicht anders, und vor allem, er ist nicht enttäuscht. Der Pragmatiker wusste, was ihn erwartet. Er hat nicht davon geträumt, ein Staatsmann zu werden. Er wusste, dass der Bundesrat nicht der Ort ist, wo die Welt verändert wird. Er arbeitet, und die Arbeit muss gemacht werden. Und wenn ihn jemand darauf anspricht, wie hart diese Arbeit sei, dann sagt er: «Ich wollte es ja, ich hätte nein sagen können – und es gibt viele, die Bundesrat sein möchten.»

Nur, es muss einer sehr viel Substanz mitbringen, dass am Schluss noch so viel bleibt, wie Willi Ritschard noch hat – und diese Substanz, so meine ich, heisst Trotz. Sie heisst auch Solidarität – und sie heisst, darauf angewiesen sein, dass man mich mag. Dieses Gemochtwerden-Wollen, das ist nicht billige Eitelkeit, das ist das Bedürfnis, auch noch dazuzugehören, wenn man weit weg und ganz oben ist. Wer gemocht werden will, der hat wohl schon ein gebrochenes Verhältnis zur Macht.

Mit schlechten Erfahrungen mit den Mächtigen – jene, die ihn als Kind auf die Knie zwangen – begann seine politische Karriere. Sein Verhältnis zur Macht ist gebrochen geblieben. Willi hat wenig Lust, Macht auszuüben – er ist nicht konfliktfreudig – das ist Beweis genug, dass er damals in Deitingen nicht auf Rache sann und dass meine erfundene Geschichte vom kleinen Bub, der Bundesrat werden wollte, nicht stimmen kann.

Ich glaube, auch Ritschards Volkstümlichkeit hat viel mit seinem echten Liebebedürfnis zu tun, ein Liebebedürfnis, das er – wenn auch ab und zu etwas grob – offen darstellt. Er mag Leute in seiner Nähe, er ist nicht unnahbar und «fishing compliments» kann eine angenehme Eigenschaft sein, wenn sie dem anderen Gelegenheit gibt, sich nähern zu können und sprechen zu können. Seine Gewerkschafter lieben ihren Willi, sie sind sehr stolz darauf, dass sie seine persönlichen Freunde sind – und sie sind es echt, Willi braucht Freunde. Diese Eigenschaft des Liebebedürfnisses wäre einem anderen wohl zum Nachteil geworden. Willi hatte das Glück, einen Körper und Hände zu besitzen, die das nicht auf den ersten Blick erahnen lassen. Und Willi schreibt seinen vielen Freunden, zum Geburtstag, zu irgendeinem Jubiläum. Er besucht die Kranken. Er – der Finanzminister – füllt im Frühling ganze Stapel von Steuererklärungen für seine Freunde aus. Er weiss, dass er einem Arbeiter mit einem kleinen Brief eine Freude machen kann, er weiss, dass die Briefe vielleicht gerahmt werden, und er tut dies nicht aus Ehrgeiz oder Eitelkeit. Er stellt jenen, die Prominenz nur aus dem Heftchen kennen – seinen Arbeitern – seine Prominenz zur Verfügung. Das mag lächerlich erscheinen, aber es macht Freude und das ist viel. Ein Prominenter der Arbeiterbewegung muss das können.

Das hat bei ihm nicht nur mit Temperament zu tun, Willi ist schüchterner als die Öffentlichkeit glaubt, und er ist stiller und verletzlicher, und ein Witzbold ist er schon gar nicht. In diesem Zusammenhang: Es ist überraschend, dass die Leute das offensichtlich und trotz allem merkten. Als er gewählt wurde, erwartete man einen neuen Ruedi Minger – inzwischen spricht niemand mehr davon, die Witze sind ausgeblieben.

Wenn man mit Willi über seine Karriere spricht, dann versucht er alles runterzuspielen – am liebsten wäre es ihm, sie wäre ein Zufall. Er spricht von Charisma – aber er meint damit nicht Gnade oder Berufung – sondern er meint es abwertend. Er hat als junger Bursche die Wahl zum Gemeindeammann von Luterbach in fast aussichtsloser Lage gegen einen sicheren bürgerlichen Kandidaten gewonnen. Das ist alles, sagt er, eine aussichtslose Wahl gewinnen. Er verteidigte für die Sozialdemokraten erfolgreich den zweiten Sitz im Regierungsrat. Er war als Person immer erfolgreich: Mit Sicherheit der populärste Regierungsrat, und man hat es ihm übel genommen, dass er auch freisinnige Stimmen machte. Und er hat ein Leben lang darunter gelitten, dass er mit seiner Person so erfolgreich war und mit seinen Anliegen, seinen Vorstössen, seinen Vorlagen meist erfolglos. Willi hat nie resigniert, aber er hat sich und seinen Erfolg nie überschätzen können – und geniessen eigentlich auch nicht.

Und er hat auf den Sozialismus gehofft – der Jungsozialist, der noch von Verstaatlichung und Revolution geträumt hat, steckt noch in ihm drin. Er selbst hat eine andere Aufgabe gewählt, die pragmatische – aber er hat immer gehofft, dass es andere geben wird, die das andere tun. Die Schwierigkeiten mit seiner eigenen Partei, das ist eine erfolglose Dolchstosslegende der Presse. Diese Legende machte ihm wesentlich mehr zu schaffen als die Realität.

Ein alter Bundeshausjournalist hat mir mal – lange vor der Wahl Ritschards – gesagt, er hätte schon viele gesehen, die hier ihren Eid geschworen hätten, und jedes Mal sei es ihm vorgekommen, wie wenn sie eine Linie überschreiten würden und auf der anderen Seite andere Personen würden. Ich dachte daran, als er gewählt wurde, und ich fürchtete mich sehr vor dieser Linie. Wir waren schon vorher nicht immer derselben politischen Meinung, und ich erwartete, ihn nun endgültig zu verlieren. Es hätte mir weh getan, aber ich hätte es verstanden.

Er hat sich auch nach dieser Linie verändert, er hat einen Schritt nach links getan, und er hat plötzlich Verletzungen besser ertragen und es aufgegeben, nachtragend zu sein.

Er war plötzlich froh über die gute Arbeit der Frauen im Parlament, und die grosse Verwundung, dass er von der eigenen Fraktion nicht mit Begeisterung empfangen wurde, verkraftete er einsichtig und ohne jede Vorwürfe. Willi hat auch immer ein bisschen Glück gehabt, nämlich immer dann, wenn es nicht so aussah. Ich weiss nicht, was geschehen wäre, wenn er als offizieller Kandidat seiner Partei gewählt worden wäre. Es schmerzte ihn, dass er nicht von seinen Leuten gewählt wurde, aber um so mehr wollte er ein Bundesrat seiner Leute sein. Ob ihm das gelungen ist? Wenn man ihn fragt, bekommt man jene Handbewegung und als Ablenkungsmanöver einen Hinweis auf die schönen Blumen auf der Wiese und den schönen Blick ins Mittelland. Willi Ritschard ist ein sehr verschlossener Mensch. Er sagt das übrigens auch von mir. Unsere Spaziergänge sind stiller geworden. Als wir uns kennenlernten, glaubten wir uns zu kennen. Seit wir mehr wissen voneinander, kennen wir uns fast nicht mehr – aber wir mögen uns.

Willi ist herzlich und er hat Gemüt – das täuscht oft darüber hinweg, dass er ein Kopfmensch ist, einer, der sich aufs Lernen verlässt und aufs Fragen – einer auch, der oft fragt, um nicht antworten zu müssen.

Und Willi ist ein Intellektueller, einer, der in Fragen leben kann, und einer, dessen Lernfähigkeit nie abnimmt. Sein Lernwille bildet sozusagen das Zentrum seiner Person – er ist oft ein penetranter Schüler, der es zwar wissen will und trotzdem dagegen trotzt – die Dinge gehen langsam in seinen Kopf, aber sie bleiben drin.

Könnte es vielleicht so sein, dass auch die Lernfähigkeit eine unakademische Eigenschaft ist?

Wohl schon, wenn man annimmt, dass dem, der keinen Bildungsausweis hat, nichts anderes bleibt als Bildungsinhalte und Wissen.

Nun, ich war und bin nicht befreundet mit einem Bundesrat, sondern mit Willi Ritschard. Das ist leicht gesagt und gar nicht so einfach – wenn ich ihn beschreibe, dann habe ich Rücksicht zu nehmen auf die öffentliche Figur – viel weniger Rücksicht zu nehmen etwa auf ihn als auf die Gefühle der Leute gegenüber einem Bundesrat. Und im übrigen wird ein solches Amt viel mehr in eine Person integriert als etwa ein Beruf, als etwa der Heizungsmonteur. Und wie gesagt, unsere Freundschaft entstand durch Politik, und sie ist eigenartigerweise durch fast nichts anderes getrübt als durch Politik.

Nein, dieser Mann, den ich hier beschrieben habe, ist nicht Willi Ritschard. Ich hätte den ehemaligen Boxer, den ehemaligen Trompeter, den ehemaligen Fussballer, den Wachtmeister, den Vater, den Grossvater, den schweisstriefenden Gärtner zu beschreiben. Ich hätte den Mann zu beschreiben, der keineswegs ein Asket ist, guten Wein und Fleischvögel (aber nur so wie sie Greti macht) liebt – kein Asket und trotzdem kein Geniesser – ein Mann, der nervöser ist, als ihn sein Körper erscheinen lässt, eher ein guter Darsteller von Gemütlichkeit als echt gemütlich, und selbst die Beschreibung seiner politischen Karriere kann nicht der inneren Wahrheit entsprechen.

Das Phänomen «Bundesrat Ritschard» hat auch damit zu tun, dass das Amt des Bundesrates nur äusserlich die Krönung seiner politischen Karriere war und dass sein wirklicher Höhepunkt, die innere Erfüllung, weit zurückliegt – in den Zeiten als er Gewerkschaftssekretär war, ein Sekretär mit Pranke, Streikführer, donnernder Redner, bereit, den Stier an den Hörnern zu packen – er wusste es, und er weiss es, dass dies seine Zeit war. Das ist sein persönlicher Grund, dass er immer mit allen Mitteln um die Liebe seiner Gewerkschafter gekämpft hat – das zunehmende Desinteresse der Arbeiter an den Gewerkschaften entzieht dem Willi Ritschard den politischen Boden.

Und eigentlich gibt es nur *einen* wirklichen Willi Ritschard, den in seinen vier Wänden, stets am selben Platz, im selben Lehnstuhl, eingebettet in seine Familie wie ein Pascha.

Sonderausgabe für die Mitglieder
des Schweizerischen Gewerkschaftsbundes
und der Sozialdemokratischen Partei
der Schweiz.

Edition Gutenberg
Copyright 1983:
Büchergilde Gutenberg, Hägendorf
Alle Rechte der Verbreitung, auch durch Film,
Funk und Fernsehen, fotomechanische Wiedergabe,
Tonträger jeder Art und auszugsweisen Nachdruck,
sind vorbehalten.
Gestaltung: Edition Gutenberg
Fotos: W. Rutishauser, E. Rieben, Keystone, RDZ
Umschlag: Hans Sigg
Herstellung: Bubenberg Druck- und Verlags-AG, Bern
ISBN 3 905485 00 1